BEAUTÉS DES ANNALES

DE

LA MARINE FRANÇAISE.

Imp. de P. Baudouin rue Mignon.

Non je ne serai pas ton prisonnier et le Vaisseau va sauter !

BEAUTÉS DES ANNALES

DE LA

MARINE FRANÇAISE

OU

Combats, Traits Héroïques, Services signalés, Victoires, Aventures Périlleuses et Vertus Mémorables

DES MARINS FRANÇAIS

de toutes les Époques.

PAR A. FRESSE-MONTVAL,
Auteur de *La France illustrée par ses guerriers.*

> Le trident de Neptune est le sceptre du monde.

PARIS,
LIBRAIRIE ENFANTINE ET JUVÉNILE
DE P. MAUMUS, ÉDITEUR,
rue du Jardinet, 1. Quart. de l'Éc. de Méd.

MARINE FRANÇAISE.

EXPLOITS DE LA MARINE MARCHANDE SOUS LE RÈGNE DE FRANÇOIS Ier.

Le génie entreprenant et actif du monarque s'insinuant, pour ainsi dire, dans toutes les parties du corps politique, leur avait imprimé le mouvement et la vie. Presque toutes les villes situées sur les grandes rivières, ou sur les rivages de la mer, avaient vu se former dans leur sein des associations de marchands riches et industrieux qui, sans exiger du gouvernement ni avances ni protection, remplissaient de vaisseaux les ports du royaume et les peuplaient de pilotes et de matelots. Durant la paix, ils employaient leurs navires au commerce ou à la pêche dans les mers du Nord. La guerre venait-elle à se déclarer, ils les louaient au roi ou à quelques gentilshommes qui les armaient en guerre et les remplissaient de soldats. Souvent même ces compagnies marchandes faisaient les frais de ces armements, et les envoyaient, à leurs propres périls, attaquer les ennemis de l'État jusque dans les mers du nouveau monde. C'est ainsi que la flotte espagnole qui apportait à Charles-Quint le premier or du Pérou, fut enlevée par des navires bretons qui étaient allés la guetter dans les parages de l'Amérique. Un gentilhomme de la même province, n'ayant pu obtenir aucune satisfaction d'une injustice qui lui avait été faite par des commerçants portugais, déclara en son nom la guerre à ce peuple; et, s'étant associé un grand nombre de ses compatriotes, il fit des prises si considérables sur le commerce de Lisbonne, que le roi de Portugal, pour se soustraire à cette vexation, fut obligé de recourir à la médiation du roi de France, et d'accorder à ce gentilhomme une satisfaction qui jusqu'alors lui avait toujours été refusée.

EXPÉDITON DE L'AMIRAL D'ANNEBAUD ET DU BARON DE LA GARDE CONTRE LES ANGLAIS.

La guerre qui continuait toujours entre la France et l'Angleterre, exigeait impérieusement de François Ier qu'il maintînt ses communications avec l'Écosse, sa fidèle alliée, qu'il empêchât Henri VIII d'exécuter une descente sur nos côtes, et qu'il se hâtât d'enlever à ce prince la ville de Boulogne-sur-mer, le comté de Calais et celui de Guines. Pour remplir la plupart de ces vues, le monarque français avait réuni, en un seul hiver, une flotte de cent cinquante gros navires, dont le commandement fut confié à l'amiral d'Annebaud; et elle fut renforcée par vingt-cinq galères arrivées de la

Méditerranée par le détroit de Gibraltar, sous les ordres de Philippe Strozzi, prieur de Capoue, et d'Escalin des Aimgrs, baron de la Garde, qui, de simple soldat, parvenu par ses talents au grade de capitaine, puis au poste d'ambassadeur à Venise et à Constantinople, y avait rendu les plus importants services.

Ainsi composée et chargée de soldats aussi bien que de munitions de toute espèce pour le maréchal de Biez, qui assiégeait Boulogne, et pour le fort d'Outrean, alors en construction, cette flotte partit du Havre, où elle s'était rassemblée; et, arrivée à l'île de Wight, y présenta la bataille aux Anglais. Ceux-ci, qui n'avaient que soixante vaisseaux et un grand nombre de remberges, se tinrent prudemment sous le canon de Portsmouth, dans le fond d'un golfe dont l'entrée étroite et bordée de rochers à fleur d'eau rendait toute agression impossible aux navires français. Détaché par l'amiral d'Annebaud pour reconnaître les forces ennemies, le baron de la Garde, qui n'avait avec lui que quatre galères, pénétra si avant dans le golfe, qu'il fut entouré par quatorze vaisseaux anglais. D'Annebaud l'ayant fait dégager par les autres galères, il fondit avec tant de vigueur sur le navire anglais la Marie-Rose, qu'il le coula à fond, et que, de six cents hommes qui le montaient, vingt-cinq seulement se sauvèrent. Le Grand-Henri, vaisseau de lamême nation, que la Garde attaqua ensuite, aurait subi le même sort, s'il n'avait été secouru. Après cet engagement, qui ne fit qu'affermir les Anglais dans le dessein de ne point se commettre en pleine mer contre notre flotte, l'amiral d'Annebaud, pour les contraindre à changer de résolution, débarqua sur les côtes une partie de ses troupes, et y commit les plus grands ravages. Mais ni la lueur des incendies qui signalaient partout la présence des Français, ni les cris des malheureux qui tombaient sous leurs armes victorieuses, rien ne put arracher à Henri VIII l'ordre dont sa flotte avait besoin pour accepter la bataille après laquelle soupiraient les Français, et ce prince se borna à leur opposer quelques milices. Remontant alors sur ses navires, d'Annebaud se vengea sur l'île de Wight, qu'il livra au pillage et aux flammes, sans réussir davantage à ébranler la stoïque fermeté de ses adversaires.

La flotte française, continuant alors sa route, alla porter au maréchal de Biez et au fort d'Outreau les munitions et les troupes embarquées pour cette destination. Mais, à son retour au Havre, elle fut mise en désordre par un furieux orage, qui enhardit enfin les Anglais à la venir attaquer Le courage ne manqua pas aux Français dans un péril si pressant; ils canonnèrent jusqu'à la nuit la flotte anglaise, sans se laisser entamer; alors, par le changement qui s'opéra dans la direction du vent, et par l'habileté des manœuvres qu'ordonna le baron de la Garde, et dont auparavant on n'avait jamais eu la moindre idée, l'amiral d'Annebaud et ses navires parvinrent à rentrer au Havre.

NOUVEL EXPLOIT DU BARON DE LA GARDE.

Héritier de la haine de son père contre Charles-Quint, Henri II faisait avec vigueur la guerre à ce monarque, et entretenait contre lui, en Toscane, une armée sous les ordres de Paul de Termes. Ce général demanda le baron de la Garde, dont les talents lui furent de la plus grande utilité et présidèrent à tous les mouvements de l'armée. Chargé de conduire à Rome les cardinaux de Tournon et de Lorraine, la Garde s'acquitta avec zèle de cette commission, et parcourut ensuite les côtes de l'Italie afin d'enlever les vaisseaux espagnols qu'il y rencontrerait. Une tempête, l'ayant séparé de quatre de ses galères, jeta les deux qui lui restaient sur les rivages de la Corse. Bientôt, il y aperçut vingt grands navires espagnols, poussés comme lui dans ces parages par le mauvais temps, et il conçut la pensée de s'en emparer. Il arbora aussitôt pavillon impérial, et envoya prévenir les commandants de cette escadre qu'il avait à bord la reine de Hongrie. Cette princesse, ajoutèrent les messagers du baron, se rendait en Espagne pour se mettre en sûreté durant la guerre que son mari et l'empereur soutenaient contre Henri II, et il convenait que les vingt-quatre vaisseaux la saluassent de toute leur artillerie. Sans avoir le moindre soupçon du piége qu'on leur tendait, les Espagnols tirèrent sur-le-champ toutes leurs pièces ; mais, avant qu'ils eussent eu le temps de les recharger, la Garde, qui avait déjà hissé pavillon français, fondit sur eux à l'improviste, coula à fond deux de leurs plus gros bâtiments, et en captura quinze des plus richement chargés.

LE BARON DE LA GARDE, EN CALABRE, EN SICILE, ET EN CORSE.

A la tête d'une nombreuse flotte de galères, le baron de la Garde se joignit à Dragut, amiral ottoman, et ravagea avec lui les côtes de la Calabre et de la Sicile. De retour au port de Marseille, il y trouva Paul de Termes, qui équipait une nouvelle escadre. Ces deux généraux, ayant opéré leur réunion avec Dragut, firent voile pour l'île de Corse, appartenant alors aux Génois. Bastia, Saint-Florent, Corté, Porto-Vecchio et Ajaccio tombèrent en leur pouvoir. Une plus longue résistance leur fut opposée par Bonifacio, qui ne se rendit qu'à condition d'être exemptée du pillage. Dragut, privé par cette clause du moyen qu'il employait pour payer ses troupes, les rembarqua et mit à la voile.

Cette défection n'empêcha point la Garde d'assiéger Calvi. Mais André Doria vint, avec une formidable flotte génoise, au secours de cette place; l'amiral français, qui était trop faible pour hasarder une bataille, retourna à Marseille, et en ramena des renforts considérables en galères et en soldats. A peine était-il arrivé dans les parages de la Corse, qu'une tempête dispersa ses bâtiments; et, tandis qu'il s'occupait à les rassembler, Doria se fortifiait, se rendait maître de plusieurs villes, et voyait les Corses passer en foule de son côté. Sans se laisser décourager par ce contre-temps, la Garde vole à Constantinople et obtient du sultan le renvoi de Dragut avec une flotte sur les côtes de l'Italie.

Calvi est assiégé de nouveau ; on se signale de part et d'autre par des prodiges de valeur ; mais Dragut, qui n'avait pu obtenir pour lui des sommes exorbitantes, et le pillage pour ses soldats, bat en retraite au moment de l'assaut, et fait manquer la conquête de la Corse.

A son retour en France, la Garde s'étant engagé dans la flotte de Doria, dont un épais brouillard lui avait dérobé la vue, fit un feu si terrible, que l'amiral génois, persuadé que la flotte française était venue l'attaquer de concert avec celle des Turcs, se hâta de gagner la haute mer, et laissa le baron de la Garde ramener ses navires à Marseille sans en avoir perdu un seul.

DÉFAITE D'UNE FLOTTE HOLLANDAISE PAR LE CAPITAINE ESPINEVILLE.

Une flotte hollandaise, composée de vingt-deux hourques, apportait d'Espagne, dans les Pays-Bas, une partie des trésors et des précieuses marchandises du nouveau-monde. Dix-neuf navires français, armés en guerre, montés par des bourgeois et des aventuriers normands, et commandés par le capitaine Espineville, allèrent attaquer cette flotte dans la Manche. Ils l'atteignirent à la hauteur de Douvres ; et, après une première décharge d'artillerie, ils vinrent à l'abordage. Si les Normands avaient cru n'avoir affaire qu'à de timides marchands, ils ne tardèrent point à être détrompés. Les Hollandais, qui avaient prévu la possibilité d'une attaque, s'étaient préparés à une vigoureuse défense, et la hauteur de leurs bords, qui excédaient de plusieurs pieds ceux des Français, leur donnait dans l'action un prodigieux avantage. Après un combat qui dura plusieurs heures sans interruption, les Normands commençaient de lâcher prise, lorsque le feu prit à un de leurs vaisseaux. La flamme, gagnant promptement la hourque à laquelle il était accroché et qui était pleine de marchandise, présenta aux Hollandais un spectacle si effrayant, qu'ils rompirent leur ordre de bataille et ne songèrent qu'à se dégager promptement. Les Normands les poursuivirent et leur enlevèrent cinq bâtiments richement chargés, qu'ils amenèrent à Dieppe. On compte qu'il périt dans ce combat mille Hollandais; les Français n'eurent à regretter que quatre à cinq cents hommes, du nombre desquels fut leur vaillant capitaine.

NAVIGATION DU BRÉSIL EN FRANCE, ET DÉPLORABLE SITUATION DU VAISSEAU FRANÇAIS LE JACQUES.

La discorde avait éclaté entre les catholiques et les protestants composants la colonie française que Nicolas Durand de Villegagnon, vice-amiral de Bretagne, avait fondée en 1555 au Brésil, sur l'emplacement actuel de Rio-Janeiro, et plusieurs colons s'embarquèrent sur le navire le Jacques, qui retournait en France. Parmi eux se trouvait Jean de Léry, à qui nous devons les détails de cette traversée.

Chargé de bois de teinture, de poivre, de coton, de singes, de perroquets et d'autres productions du pays, le Jacques, dont tout l'équipage s'élevait à quarante-sept hommes, tant passagers que marins, mit à la voile le 4 janvier 1558.

La difficulté de doubler, avec des vents contraires, de grandes barres entremêlées de rochers dans une étendue de trente lieues au large, faillit décider l'équipage à rentrer dans l'embouchure du fleuve.

Après une navigation de sept ou huit jours, les matelots, qui travaillaient à la pompe, s'aperçurent pendant la nuit qu'ils ne pouvaient épuiser l'eau. Le contre-maître, qui descendit dans la cale, la trouva entr'ouverte en plusieurs endroits, et si pleine d'eau qu'on sentait le navire s'enfoncer graduellement. Tout le monde fut réveillé, et le danger de couler à fond parut si imminent qu'on ne songea plus qu'à se préparer à la mort. Il y eut cependant quelques personnes qui, résolues de prolonger leur vie, vinrent à bout, à force de travail et de fatigues, de soutenir pendant douze heures le navire, par le jeu continuel de deux pompes. Alors, quoique l'eau fût toujours demeurée à la même hauteur, le charpentier et quelques matelots découvrirent sous le tillac les fentes et les trous les plus dangereux, et réussirent à les boucher avec du lard, du plomb et des draps.

Bientôt, la vue de la terre, le vent qui y poussait le vaisseau, l'opinion du charpentier, qui assura que le navire était tout rongé de vers, et les exclamations du contre-maître soutenant qu'on n'avait pas assez de vivres pour n'avoir rien à redouter de la faim durant une navigation aussi longue, décidèrent cinq passagers à descendre dans une barque et à retourner au Brésil.

Après leur départ, le vaisseau remit à la voile, fit deux cents lieues, et parvint en vue d'une île inhabitée. Les environs en étaient hérissés de rochers fort pointus, mais peu élevés, qui firent appréhender d'en trouver d'autres à fleur d'eau : ce dernier malheur eût infailliblement causé la perte du navire, que de perpétuelles tempêtes avaient déjà cruellement maltraité, et que les manœuvres assidues des deux pompes empêchaient seules d'être englouti.

Le 3 février, on n'était qu'à trois degrés de la ligne. On aurait pu relâcher au cap de Saint-Roch, afin de remédier à la rapide diminution que les vivres avaient essuyée, mais la majorité de l'équipage se déclara pour le parti de manger les perroquets et les autres oiseaux desquels on avait embarqué un grand nombre. Le 21 mars on passa la ligne.

Bientôt la mésintelligence éclata entre le contre-maître et le pilote. Le 26 mars, comme le pilote, pendant son quart, tenait toutes les voiles hautes et déployées, un tourbillon frappa si impétueusement le vaisseau, qu'il le renversa sur le côté, faillit le faire chavirer entièrement, et précipita dans les flots les cages d'oiseaux et tous les coffres qui n'étaient pas bien amarrés. Toutefois, les cordages furent coupés assez promptement pour que le navire se relevât. Un si grand péril, loin de calmer les deux ennemis, ne servit qu'à les exaspérer, et on les vit aussitôt se battre avec une mortelle fureur.

Peu de jours après, le charpentier et d'autres

artisans, qui cherchaient le moyen de soulager le travail des pompes, remuèrent si malheureusement dans la cale quelques pièces de bois, qu'il s'en leva une assez grande, et l'eau s'étant tout d'un coup élancée avec impétuosité, ces malheureux ouvriers remontèrent sur le tillac, sans pouvoir expliquer le péril, et criant d'une voix lamentable : *Nous sommes perdus! nous sommes perdus!* Convaincus de la grandeur du danger, le capitaine, le maître, le pilote ne songent qu'à mettre la barque dehors, et font jeter à la mer une grande quantité de marchandises; mais le pilote, redoutant que la barque ne soit surchargée par une multitude de personnes, s'y jette, un coutelas à la main, et jure qu'il coupera les bras au premier qui tentera d'y pénétrer. Ces menaces décidèrent l'équipage à retourner aux pompes; tout le monde y travaille avec ardeur et empêche l'eau de surmonter le navire.

Ce fut alors qu'on entendit la voix du charpentier. Loin d'abandonner la cale comme les autres, il avait mis son caban à la matelote sur la grande ouverture qui s'y était faite; et, se tenant à deux pieds pardessus pour résister à l'eau, qui, par sa violence, le souleva plusieurs fois, il criait de toute sa force qu'on lui apportât des habillements, des lits de coton, et autres choses, pour empêcher l'eau d'entrer pendant qu'il racoutrerait la pièce. La promptitude qu'on mit à lui obéir empêcha seule le naufrage.

L'impéritie du pilote fut cause qu'on manœuvra au hasard jusqu'au tropique du Cancer, où l'on navigua pendant quinze jours sur une mer couverte d'herbes si épaisses qu'il fallut les couper pour ouvrir un passage au vaisseau. Là, un nouvel accident faillit tout perdre sans retour : le canonnier, faisant sécher de la poudre dans un pot de fer, le laissa trop long-temps sur le feu ; le pot rougit, et la flamme, ayant pris à la poudre, donna si rapidement d'un bout du navire à l'autre, qu'elle mit le feu aux voiles et aux cordages. Peu s'en fallut qu'elle ne s'attachât même au bois, qui, étant goudronné, n'aurait pas manqué de s'allumer promptement et de brûler vif tout l'équipage. Il n'y eut pourtant de maltraité que quatre hommes, dont l'un mourut peu de jours après.

Le 15 avril, on avait encore cinq cents lieues à parcourir pour atteindre aux côtes de France. Le retranchement opéré déjà sur les rations et le soin qu'on prit d'en diminuer encore la moitié, n'empêchèrent point que, vers la fin du mois, toutes les provisions ne fussent épuisées. Ce malheur vint de l'ignorance du pilote, qui, faisant une erreur de trois cents lieues, se croyait près du cap Finistère en Espagne, quand il n'était qu'à la hauteur des Açores. Il fallut alors balayer la chambre où l'on tient le biscuit ; mais, dit Léry, on y trouva plus de vers et de crottes de rats que de miettes de pain. Cependant on en fit le partage avec des cuillers, pour en composer une bouillie aussi noire et plus amère que de la suie. Ceux qui avaient encore des perroquets, les mangèrent dès le commencement du mois de mai. Bientôt les matelots moururent de faim et furent jetés à l'eau.

L'horreur d'une telle situation s'accrut par la violence de la mer ; faute d'art ou de force pour ménager les voiles, on fut forcé de les plier et de lier même le gouvernail. Le vaisseau fut ainsi abandonné au gré des vents et des ondes ; tandis que le gros temps ôtait l'espoir de suppléer par la pêche aux provisions qui manquaient.

Cependant, continue Léry, la nécessité faisait penser et repenser à chacun de quoi il pourrait apaiser sa faim. Quelques-uns s'avisèrent de couper des pièces de certaines rondelles, faites de la peau d'un animal nommé Tapiroússon, et lorsqu'elles furent un peu rôties, le brûlé ôté et raclé avec un couteau, cela succéda si bien que, les mangeant de cette façon, il nous était avis que ce fussent carbonnades de couennes de pourceau, *quoiqu'elles fussent* aussi dures que du cuir de bœuf sec, et *qu'il fallut* des serpes et autres ferrements pour les découper. Il y en eut qui en vinrent jusque-là de manger leurs collets de maroquin et leurs souliers de cuir. Les pages et garçons du navire, pressés de mal-rage-de-faim, mangèrent toutes les cornes des lanternes et autant de chandelles de suif qu'ils en purent attraper. Mais notre faiblesse et notre faim n'empêchaient pas que, sous peine de couler à fond, il ne fallût être jour et nuit à la pompe avec un grand travail. Environ le 12 mai, notre canonnier, à qui j'avais vu manger les tripes d'un perroquet toutes crues, mourut de faim. Après avoir dévoré tous les cuirs de notre vaisseau et jusqu'au couvercle des coffres, la nécessité fit penser à quelqu'un de chasser les rats et les souris. On les poursuivit avec tant de soin et tant de sortes de piéges, qu'il en demeura fort peu. Un rat était plus estimé qu'un bœuf sur terre. Le prix en monta jusqu'à quatre écus. On les faisait cuire dans l'eau avec tous leurs intestins qu'on mangeait comme le corps : les pattes n'étaient pas exceptées, ni les autres os qu'on trouvait le moyen d'amollir.

L'eau manqua aussi ; il ne restait pour tout breuvage qu'un petit tonneau de cidre que le capitaine et les maîtres ménageaient avec grand soin. S'il tombait de la pluie, on étendait des draps avec un boulet au milieu, pour la faire distiller. On retenait jusqu'à celle qui s'écoulait par les égouts du vaisseau, quoique plus trouble que celle des rues. L'extrémité fut telle qu'il ne nous resta plus que du bois de Brésil, plus sec que tout autre bois, que plusieurs néanmoins, dans leur désespoir, grugeaient entre leurs dents. Notre conducteur, en tenant un jour une pièce dans la bouche, me dit avec un grand soupir : « Hélas ! Léry, mon ami, il m'est dû en France une somme de quatre mille francs, dont plût à Dieu qu'ayant fait bonne quittance, je tinsse maintenant un pain d'un sou et un seul verre de vin ! Moi, poursuit toujours Jean de Léry, moi, qui avais eu part à cette famine inexprimable, pendant laquelle tout ce qui pouvait être mangé l'avait été, je ne laissais pas d'avoir secrètement gardé un perroquet que j'avais presque aussi gros qu'un oie, prononçant aussi nettement qu'un homme ce que l'interprète, dont je le tenais, lui avait appris de la langue française et de celle des sauvages, et du plus charmant plumage. Le grand désir que j'avais d'en faire présent à M. l'amiral, me l'avait fait tenir caché cinq ou six jours sans avoir aucune nourriture à lui donner. Mais il fut sacrifié comme les autres à la nécessité, sans compter la crainte qu'il ne me fût dérobé pendant la nuit. Je n'en jetai que les plumes ; tout le reste, c'est-à-dire, tripes, pieds, ongles et bec crochu, soutint pendant quatre jours mes amis et moi. Cependant mon regret fut d'autant plus vif, que le cinquième jour nous découvrîmes la terre. Les oiseaux de cette espèce pouvant se passer de boire, il ne m'eût pas fallu trois noix pour le nourrir dans cet intervalle.

Enfin, Dieu, nous tendant la main du port, fit la grâce à tant de misérables étendus presque sans mouvement sur le tillac, d'arriver, le 24 mai 1558, à la vue des terres de Bretagne. Après que nous en eûmes rendu grâce au ciel, le maître du navire nous avoua publiquement que, si notre situation avait duré seulement un jour de plus, il avait pris la résolution, non pas de nous faire tirer au sort, mais, sans avertir personne, de tuer un d'entre nous pour le faire servir de nourriture aux autres; ce qui me causa d'autant moins de frayeur, que, malgré la maigreur extrême de mes compagnons, ce n'aurait pas été moi qu'il eût choisi pour première victime, s'il n'eût voulu manger seulement de la peau et des os.

Le maître, ayant fait mouiller à deux ou trois lieues de terre, prit la chaloupe pour aller acheter des vivres à Hodierne, dont nous étions assez proches.

Par le reste de sa relation, Léry nous apprend que son vaisseau aborda, le 26, au port de Blavet, où ses compagnons et lui débarquèrent. Ce ne fut qu'avec les plus grandes précautions qu'on les mit en état de supporter la nourriture. On en vint à bout cependant ; on réussit également à remédier en eux à l'affaiblissement de la vue et de l'ouïe, ainsi qu'à les guérir d'une enflure qui chez les uns ne se manifesta que de la ceinture au pieds, et qui fut générale chez les autres; en sorte que de quinze passagers, il n'en périt pas un seul ni sur mer ni sur terre. Quant aux vingt matelots qui étaient échappés à la famine, ils ne furent pas si heureux : ayant voulu se rassasier le premier jour, plus de moitié périrent subitement.

VOYAGE D'AUGUSTIN DE BEAULIEU, NAVIGATEUR, AUX INDES ORIENTALES.

Si les relations des voyages lointains ne méritent notre confiance qu'à proportion de l'estime dont elles ont été honorées par les voyageurs les plus justement célèbres, il n'en est certainement aucune qui soit plus digne de nous occuper que celle d'Augustin de Beaulieu : le suffrage de l'illustre Thévenot, qui voulut en être l'éditeur, la recommande trop puissamment à l'attention de nos lecteurs non moins qu'à leur bienveillance, pour qu'il soit nécessaire d'en entreprendre l'éloge.

Né à Rouen, et déjà connu par un voyage fait, en 1612, avec le chevalier de Briqueville, à la rivière de Gambie, pour établir sur ses bords une colonie française, Augustin de Beaulieu avait été envoyé à Java, avec le capitaine de Nets, par la compagnie qui s'était formée en 1616 pour le commerce des Indes Orientales. De retour de cette expédition, qui, sans avoir été infructueuse, n'eut cependant pas tout le succès qu'on en devait espérer, Beaulieu, chargé des ordres de la même compagnie, partit pour les Indes Orientales avec le titre de général et le commandement d'une petite flotte composée de trois bâtiments : le *Montmorency*, amiral, du port de quatre cent cinquante tonneaux, monté par cent vingt-six hommes, et fort de vingt-deux canons; l'*Espérance*, vice-amiral, de quatre cents tonneaux, cent dix-sept hommes, et fort de vingt-six canons; enfin, l'*Ermitage*, patache de soixante-quinze tonneaux, trente hommes, et huit pièces de canon. Il mit à la voile de la rade de Honfleur le 2 octobre 1619. Arrivé, le 1er novembre, entre la rivière de Sénégal et le Cap Verd, il rencontra trois bâtiments français de St-Malo et de Dieppe. Le vent ne lui ayant pas permis de s'en approcher, il jeta l'ancre non loin de la rade de Rusfique et envoya sa patache avec quelques marchandises chercher des rafraîchissements aux *îles des Idoles*, habitées par des nègres idolâtres grands chasseurs et fort avides de chair d'éléphant. Sans attendre sa patache, Beaulieu alla mouiller dans la troisième anse du cap de Sierra-Leône, où il avait donné rendez-vous à ses gens. Il y trouva des maisons peuplées de nègres et beaucoup mieux bâties que celles du Cap Verd, mais elles sont entourées d'idoles hideuses ainsi que de têtes de singes et d'oiseaux, auxquelles les nègres font des offrandes. Au reste, le capitaine français s'y procura en abondance des citrons, des oranges, des bananes, du riz et du poisson. Au retour de la patache, Beaulieu n'avait qu'à préparer son gouvernail pour pouvoir remettre à la voile, lorsque, le 3 décembre, il fut informé par des nègres que des Portugais avaient surpris et massacré le capitaine et l'équipage du *Malouin*, barque appartenant à l'un des trois navires français qu'il avait rencontrés. La crainte de quelque piége le fit d'abord balancer à croire à l'authenticité de ces renseignements ; mais le désir de venger l'outrage fait à quelques compatriotes, l'emportant bientôt sur toute autre considération, il arma sa patache, il en renforça l'équipage, il y joignit la grande chaloupe du vice-amiral montée par vingt hommes et munie de quatre pierriers, il fit suivre ces deux bâtiments par une barque non moins bien montée et bien munie, et il donna le commandement de cette petite flotte à Montevrier, lieutenant du Montmorency. Mais, après cinq jours de navigation et d'efforts inutiles, le lieutenant, qu'avaient arrêté une multitude de bas-fonds, retourna le 8 près de Beaulieu. Ce capitaine, s'étant reposé sur cette côte pendant cinq semaines environ, en repartit sans avoir vu diminuer le nombre des maladies qui régnaient sur sa flotte. Il passa la ligne, et, le 3 février, il fut surpris par un calme durant lequel il observa deux poissons d'une espèce qui lui était inconue. L'un d'eux avait dix pieds de long, sans y comprendre son bec qui était environ de deux pieds. Il apprit dans la suite que ce bec est d'une corne fort dure, capable de percer le navire le mieux doublé, et qu'une barque qui en est atteinte évite difficilement le naufrage. Le vent ayant soufflé de nouveau le 10, la flotte française continua sa route, mouilla le 15 mars dans la baie de la Table, et y fut retenue par les vents contraires jusqu'au 3 avril.

Pendant cette relâche, quelques matelots trouvèrent dans l'île, à deux lieues N.O. du mouillage, deux paquets, revêtus de plaques de plomb et de toile goudronnée, et laissés sous une pierre. Ils contenaient des lettres écrites en hollandais et en anglais. Beaulieu, qui en prit connaissance, y lut des détails sur la guerre que les Hollandais avaient faite aux Anglais dans l'île de Java, et sur Bantam, où les seconds, assiégés par les premiers, s'étaient défendus avec vigueur. Tant d'acharnement fut déployé de part et d'autre en cette circonstance, que les deux partis s'envoyaient mutuellement les têtes des prisonniers. Malgré le traité qui venait de se conclure entre ces deux puissances, Beaulieu craignit de se rendre à Bantam, où il lui était enjoint d'aller commercer. Pour accorder l'exécution de cet ordre et ce qu'il devait au succès de son entreprise, il se décida à se faire précéder par son vice-amiral, auquel il prescrivit de se rendre directement à Bantam. Cette mesure fut réalisée après une violente tempête, et Beaulieu, avec les deux bâtiments qui lui restaient, continua plus heureusement son voyage. Une relâche à la baie de St-Augustin, dans l'île de Madagascar, lui procura d'utiles rafraîchissements. Il vint mouiller de là aux îles Comorre; les conseils qu'il y reçut de quelques Arabes lui servirent beaucoup à régler sa navigation. Mais il ne sembla en être parti que pour être contrarié par les vents et perdre par les maladies un grand nombre de ses matelots. Vers les côtes de Malabar, il aperçoit un vaisseau indien; Montrevier va le reconnaître avec vingt-trois hommes; et, étant monté à l'abordage, veut s'en rendre maître. Tout succède d'abord à son gré; il ne rencontre aucun obstacle; mais, tandis que ses gens s'occupent à piller, soixante ou quatre-vingts hommes sortent de l'avant et se jettent sur eux, le sabre ou la pique à la main. Montevrier et les siens, dont la plupart étaient blessés et quelques-uns dangereusement, sont réduits à prendre la fuite, tandis que leurs adversaires, désespérant de résister aux deux bâtiments français, se sauvent sur le rivage avec ce qu'ils ont de plus précieux. Beaulieu s'empara de leur navire, et apprit de douze à quinze vieillards qui n'avaient pu s'échapper, que les fuyards étaient des marchands de Panane, près de Calicut, partis pour la Mecque avec des passeports fournis par les Portugais. Ces marchands avaient emporté dans leurs barques quarante mille ducats en espèces, et n'avaient laissé que douze cents livres d'opium et quelques marchandises de peu de valeur. La générosité de Beaulieu le rendit sensible aux larmes des vieillards qui se prosternaient à ses pieds en lui demandant grâce. S'étant assuré qu'aucun d'eux n'avait pris part au combat, il leur accorda la vie et leur laissa même le navire, d'où il ne tira que des vivres et une petite quantité de marchandises.

Du cap Comorin où ils étaient le 2 octobre, les Français employèrent deux mois à combattre les vents et les calmes, pour arriver, le 1er décembre à Tikou, port de l'île de Sumatra. Ils y apprirent que le vice-amiral, qu'ils devaient y rencontrer, s'en était éloigné ayant à bord beaucoup de malades; car les Hollandais, feignant de le prendre pour un vaisseau anglais, avaient failli le couler à fond. Beaulieu fut encore informé qu'on n'avait point vu ce navire à Achem; enfin, Véron, son maître canonnier, qu'il avait fait partir sur une barque indienne, lui écrivit que Gravé, commandant du vice-amiral, était à Jacatra, où il avait été conduit de Bantam par les Hollandais, et que son équipage n'avait plus que vingt-cinq hommes au lieu de cent vingt-cinq. Beaulieu fit aussitôt monter dans sa patache vingt hommes sous le commandement du capitaine du Buc pour assister Gravé; et, après avoir fait sur les habitants et le sol de Tikou des observations aussi neuves qu'intéressantes, il en partit, le 3 janvier 1621, pour se présenter au roi d'Achem, qui, ayant appris son arrivée, l'avait fait inviter à se rendre près de lui. Parvenu dans la rade d'Achem, il fut complimenté par plusieurs officiers du roi, qui, à sa descente, ne lui en firent pas moins payer des droits exorbitants. Les directeurs des comptoirs anglais et hollandais le comblèrent de prévenances et lui offrirent un logement qu'il refusa. Il donne même à entendre fort clairement qu'il crut avoir été empoisonné dans un dîner que les Anglais lui donnèrent. Pour prévenir l'effet de leur inimitié pour lui, il résolut de se concilier la bienveillance du roi de cette contrée. Il avait apporté de France plusieurs lettres de cachet en blanc; il prit le parti d'en adresser une à ce monarque, et de lui dire que ce qu'il avait à lui présenter venait du roi de France, quoique la lettre n'en parlât point. Il la fit traduire en Portugais, et mit pour suscription : *A notre très-cher frère le roi d'Achem.* Le sceau qui représentait les armes de France, en cire rouge, fut appliqué aussi proprement que si la lettre était venue de France toute cachetée. Quant aux présents, il choisit, parmi ce qu'il avait de plus précieux, des armes complètes de cavalier, entièrement gravées et dorées, un coutelas d'Allemagne dont la garde était aussi dorée, et dans laquelle jouait un pistolet qui prenait feu en poussant un bouton de l'autre côté de la coquille; six mousquets, dont les canons étaient gravés et dorés, et le fût enrichi de nacre de perle, deux fers de pique, émaillés et dorés; un très grand miroir, qui se trouva cassé, mais qu'il ne présenta pas moins dans sa caisse, en témoignant son regret de cet accident; deux pièces de camelot ou de cramoisi; enfin, deux grands flacons pleins d'une excellente eau rose.

Le jour de l'audience fut un jour de fête dans Achem, par la magnificence de la marche. Quand Beaulieu fut arrivé à la porte de l'appartement royal, qui est toute couverte de lames d'argent, on le fit attendre, et un eunuque vint dire au Sabaudard, qui servait d'introducteur, que le roi était incommodé, mais que, le capitaine français étant si proche, Sa Majesté se ferait un effort pour le recevoir. Deux officiers de la cour prirent aussitôt Beaulieu par les mains et le conduisirent près de l'estrade du roi, qui était élevée d'environ deux pieds. On le fit asseoir, les jambes croisées, sur un tapis de Perse, et il salua le roi, selon l'usage du pays, en joignant les mains et en les portant au front, avec une légère inclination de la tête. Le roi, fort satisfait des présents, se répandit en remercîments et en promesses.

La santé de ce prince s'étant rétablie, Beaulieu fut appelé de nouveau au palais. Après lui avoir fait présenter du bétel (1) dans un grand vase d'or dont le couvercle était couvert d'émeraudes, le roi lui fit diverses questions sur la grandeur et la puissance des princes chrétiens. Ensuite trente femmes entrèrent dans la salle, portant chacune entre les bras un grand vase d'argent qu'elles mirent sur un tapis. Chaque vase était revêtu d'une toilette de soie mêlée de fil d'or, qui pendait jusqu'à terre, et dont les bords étaient enrichis de pierreries. Ces femmes étant demeurées debout durant quelques moments, le roi donna ordre qu'on servît à dîner devant Beaulieu. Alors les vases furent découverts : on tira de chacun six plats d'or remplis de confitures, de viandes et de pâtisseries. Le capitaine français ne toucha qu'au riz, auquel il trouva le goût de nos massepains. Le roi lui fit servir à boire dans un grand vase d'or, qu'un eunuque portait dans un grand bassin du même métal. Beaulieu crut pouvoir vider le vase, en buvant à la santé de ce prince ; mais la liqueur était si forte que, s'imaginant avoir avalé du feu, il fut pris d'une grande sueur qui l'obligea de s'arrêter. Ce ne fut pas sans peine qu'il obtint du roi une liqueur moins forte.

(1) Le bétel consiste en une feuille d'un arbuste nommé betle ; on enduit de chaux éteinte cette feuille, dans laquelle on plie une parcelle d'une espèce de châtaigne que produit un arbre nommé atéca. Ce bêtel, que l'on mâche sans l'avaler, produit un picotement au palais et une salivation d'un rouge verdâtre.

(Voyage de M. de Pagès.)

Aussitôt qu'on eut levé tous les mets, on mit à leur place, entre le roi et Beaulieu, un magnifique tapis à fond d'or. Quinze ou vingt filles, étant entrées successivement, un petit tambour à la main, et s'étant rangées le long de la muraille, accordèrent leurs voix avec leurs instruments, et chantèrent les conquêtes du roi. Deux autres filles, qui entrèrent bientôt par une autre petite porte, frappèrent Beaulieu par l'éclat de leur beauté et par la richesse de leurs vêtements, autant que par l'éclatante blancheur de leur teint. C'étaient deux danseuses, qui n'amusèrent que le roi et le capitaine français ; ceux qui étaient avec eux dans la salle tinrent continuellement les yeux fermés, parce qu'il est défendu sous peine de la vie, aux sujets du roi d'Achem, de regarder jamais ses femmes.

Malgré tant d'honneurs et de caresses, notre navigateur n'obtint pas pour son commerce toute la liberté qu'on lui avait fait espérer. Le roi vendait lui-même du poivre aux étrangers. Les troubles de Bantam étaient une occasion favorable dont il voulait profiter pour remplir ses coffres, en augmentant presque du double le prix des marchandises. Il ne permettait pas même qu'on en achetât dans les autres ports de sa dépendance. Cependant, jaloux de profiter de l'habilité des ouvriers que les Français avaient avec eux, il n'omit rien pour les retenir dans son île. Le long séjour qu'ils y firent les rendit témoins de l'excessive cruauté de ce monarque. Chaque jour de son règne avait été marqué par quelque ordre sanglant. Il s'était défait de tous les princes de sa famille, à l'exception de son fils, pour lequel on commençait même à trembler, depuis qu'il l'avait chassé avec beaucoup de rigueur. Un combat, où l'un de ses coqs avait été vaincu, fut cause qu'il condamna à avoir le poing coupé le seigneur qui les nourrissait; et, sous prétexte d'une conspiration, il livra à la torture et mit cruellement à mort plusieurs des femmes de sa garde, sa propre mère, et trois princes, fils de trois rois ses voisins.

Las de tant de cruautés et de l'inutilité de ses sollicitations, Beaulieu, qui avait secrètement embarqué une assez bonne provision de poivre, laissa à un ami une lettre pour son vice-amiral, s'il arrivait après lui dans ce port, et fit voile pour une île que ses habitans nomment *Lacahui*, et ceux d'Achem *Pulo-Lada*. Il arriva à la fin de juillet; mais la saison où le poivre se récolte était passée; et, bien qu'il se fût concilié l'amitié du roi de Queda par le don de deux canons en fer, il ne put se procurer qu'une fort petite cargaison. Il consigna sur son journal des détails instructifs sur le commerce et les productions de Lacahui, et remit à la voile pour Achem. Il eut à lutter durant la traversée contre les courants et les vents contraires qui, plusieurs fois, l'éloignèrent de sa route. Enfin, il était en vue d'Achem lorsqu'il aperçut un vaisseau anglais. Comme il redoutait une attaque, et que, dans cette appréhension, il se préparait à se défendre, il vit une chaloupe se détacher de ce bâtiment et se diriger vers lui. Elle arriva en peu de temps, et le premier qui monta sur le vaisseau de Beaulieu fut un officier de son

2

vice-amiral. Cet officier, qui se nommait du Parc et que la maladie avait presque entièrement défiguré, lui apprit à peu près en ces termes les malheurs de Gravé, son vice-amiral :

« Après vous avoir quitté, nous entrâmes dans le détroit de la Sonde, où nous fûmes jetés par les vents sur la côte de Sumatra, vingt lieues au-dessus de Tikou. Les maladies qui avaient emporté une partie de notre équipage, s'étaient si peu relâchées, qu'il ne nous restait que cinq ou six hommes en bonne santé, lorsque nous rencontrâmes successivement plusieurs navires hollandais qui nous traitèrent avec la dernière rigueur. Ils pillèrent la chambre du vice-amiral, insultèrent ses malades, consommèrent ses meilleures provisions. Cependant, un de leurs chefs ayant feint de consulter sa commission, confessa qu'elle ne portait point de prendre les vaisseaux français, et il nous laissa la liberté de continuer notre route, après nous avoir fait promettre d'oublier ce qui s'était passé. A cette condition, il nous assista de quelques hommes qui nous firent chèrement payer leurs secours, et qui nous conduisirent à Jacatra. Coen, général des Hollandais, ne s'opposa point à notre départ pour Bantam ; mais les lois qu'il nous avait imposées étaient si dures, que nos espérances de commerce furent ruinées, et qu'en quittant ce port nous protestâmes de tous dommages contre la nation hollandaise. Quelque temps après, par une nuit fort obscure, une barque, qui s'approcha de l'arrière du navire, y mit le feu avec des circonstances qui firent connaître assez clairement d'où venait cette trahison. Ces soupçons se changèrent en certitude, lorsque les Hollandais, empêchant le vice-amiral de sauver ses marchandises, se saisirent non-seulement du poivre, qu'ils transportèrent dans leurs magasins, mais encore de toute l'artillerie et des débris même du navire, qu'ils vendirent au son du tambour. Le vice-amiral, réduit au désespoir, leur demanda du moins quelques secours pour se rendre au port d'Achem avec quinze ou seize hommes qui lui restaient, dans l'espoir de vous y trouver. Limoney, commis de la compagnie de Saint-Malo à Bantam, avait acheté la patache; et, se voyant fermer aussi toutes les voies du commerce, il prit la résolution de partir dans la patache avec votre vice-amiral. J'eus ordre de les précéder à Achem, où je me rendis, avec les quinze autres français, dans une de ces barques du pays qui se nomment *Pares*. Arrivés à notre destination dès la fin du mois d'août, notre barque fut arrêtée par l'ordre du roi d'Achem, avec tout ce qu'elle portait d'hommes et la valeur de deux mille cinq cents piastres que nous avions sauvées en musc, en pierreries, en bezoard et autres marchandises. La patache n'est entrée dans ce port que depuis quatre ou cinq jours. Votre vice-amiral, qui était dangereusement malade, ne vous y trouvant pas, et voyant les restes de son équipage et de ses effets entre les mains du roi d'Achem, n'a pu soutenir cette disgrâce; il a profité de l'occasion du vaisseau anglais pour quitter un pays dans lequel il n'a essuyé que des infortunes.

Beaulieu, consterné de ce récit, se hâta de faire apporter à son bord le vice-amiral; il reçut de sa bouche, en présence de plusieurs témoins, la confirmation de ce qu'il venait d'entendre. Quelques jours après, le malheureux vice-amiral mourut entre ses bras, de chagrin autant que de maladie.

Plein de ressentiment contre le roi d'Achem, Beaulieu lui adressa des plaintes énergiques, qui eurent pour résultat de faire rendre la liberté à ceux des Français que ce prince retenait en prison. Mais notre navigateur n'obtint pas le même succès, lorsqu'il réclama la cargaison enlevée à son vice-amiral. Beaulieu allait s'en venger sur les vaisseaux de ce souverain, lorsqu'il reçut de lui l'autorisation de se rendre à Tikou pour y prendre sa cargaison de poivre.

Préférant profiter de cette permission plutôt que d'exercer des représailles dangereuses, le capitaine français mit à la voile pour le port qui lui était indiqué ; et, dans le succès de son commerce, ainsi que dans le bonheur dont il fut favorisé jusqu'à son retour au Havre-de-Grâce, il trouva un ample dédommagement aux fatigues et aux périls qu'il avait eu long-temps à essuyer.

CAMPAGNES DU CHEVALIER DE TOURVILLE.

Anne-Hilarion de Cotentin, chevalier de Tourville, n'avait encore que dix-huit ans, lorsqu'il s'embarqua, à Marseille, sur une frégate commandée par le chevalier de Hocquincourt, auquel il avait été confié par M. de la Rochefoucault, son parent. Arrivé en moins de quatre jours à l'île de Malte, il fut présenté à Gessan de Clermont, grand-maître des chevaliers. Six d'entre eux ayant manifesté le désir de s'embarquer, Hocquincourt les reçut, et s'adjoignit le corsaire Cruvilier, marin fort expérimenté, qui commandait une frégate de vingt-quatre canons. L'un et l'autre ne tardèrent point à se mettre en mer pour donner la chasse à deux navires tripolitains, qui causaient les plus grands ravages dans l'Archipel. Durant la navigation, quelques chevaliers de Malte se permirent des plaisanteries sur notre jeune marin, dont l'apparente délicatesse ne leur semblait pas compatible avec sa profession. S'adressant à l'un d'eux : « Voulez-vous parier, dit Tourville, que je monterai au moins aussi vite que vous au haut du grand mât de perroquet ? » — « Je suis trop de vos amis, lui répliqua le chevalier, pour vous laisser casser le cou sur le tillac, ou vous voir tomber à la mer. » Un moment après, le vent, qui soufflait avec violence, fit crier au pilote qu'il fallait amener la voile du grand perroquet. Le chevalier se tournant alors vers Tourville : — « Il est temps de vous signaler, lui dit-il, allez aider à plier cette voile. » — « Tout vieux marin que vous êtes, lui répondit Tourville, je vous défie de me suivre. » Soudain il s'élance sur un des hauts-bancs, de là au haut du grand mât de perroquet, où il arrive aussitôt que les matelots qui étaient partis avant lui, et il manœuvre avec autant d'adresse et d'aisance que s'il eût fait ce métier toute sa vie. On cessa dès lors de plaisanter, et notre jeune marin manœuvra toujours comme un simple matelot, même dans les moments les plus difficiles.

Après bien d'inutiles recherches, on trouva deux pirates algériens, au lieu de tripolitains qu'on poursuivait. Hocquincourt plaça Tourville avec six volontaires et deux chevaliers au poste le plus dangereux, s'avança vers les ennemis, reçut leur bordée, et leur lâcha la sienne presque à bout portant. Sans leur donner le temps de s'éloigner, il revira de bord, et leur envoya une seconde bordée, qui, ainsi que la première, causa chez eux les plus grands ravages; pendant ce temps, les volontaires tuaient à coups de mousquets tous les Turcs qui montaient sur les hauts-bancs. Cruvilier ne se distinguait pas moins contre l'autre vaisseau qu'il avait attaqué.

Irrités par l'immensité de leurs pertes, les Algériens tentent trois fois l'abordage, et trois fois ils sont repoussés. Une quatrième leur réussit; mais c'est pour les livrer à l'épée des volontaires, et surtout à celle de Tourville. Ce jeune héros renverse tous les Musulmans qui se présentent pour le combattre; en un instant il est environné de corps morts, et tous ceux qui se sont élancés sur le pont sont tués ou jetés à la mer. Les Turcs, qui ne s'attendaient pas à tant de résistance, se disposaient à prendre la fuite, quand ils furent tout à coup secourus par les deux navires tripolitains, que Hocquincourt avait d'abord tant cherchés. Le combat recommença alors avec une fureur nouvelle et plus terrible que jamais. Enfin, au bout de trois heures, le chevalier de Hocquincourt, voyant son vaisseau désemparé, et son équipage non moins harassé de fatigue que criblé de blessures, résolut de tenter un dernier effort. S'apercevant que le bâtiment tripolitain qui l'avait le plus pressé, avait considérablement perdu de son ardeur, il jugea qu'il lui était arrivé quelque malheur, et il ordonna de manœuvrer vers lui. On lui obéit, on aborde le navire ennemi, on l'accroche, on s'y élance. Les Tripolitains, découragés par la mort de leur capitaine, ne résistent que faiblement à la foudroyante valeur des Chrétiens et principalement de Tourville. A ce jeune héros plus qu'à tout autre, appartint la gloire de cet abordage, qui fut immédiatement suivi de la prise du navire musulman. L'autre vaisseau tripolitain, que, pendant ce temps, Hocquincourt avait tenu éloigné par un feu continuel, se décida sur-le-champ à prendre la fuite. L'un des deux pirates algériens en fit autant, et l'autre, qui combattait en désespéré contre Cruvilier, fut coulé à fond par Hocquincourt. Le déplorable état où se trouvait le vaisseau de ce chevalier ne permit point de poursuivre les fuyards. On joignit alors le bâtiment capturé. De tous ceux qui avaient contribué à le prendre, six seulement avaient été tués ; mais tous les autres étaient blessés. Tourville se trouva atteint de trois coups assez dangereux pour qu'il fallût le panser sur ce bord. On tira du fond de cale un homme qui s'y était caché et que l'on conduisit à Hocquincourt : — Comment se fait-il, lui demanda ce chevalier, qu'une telle multitude ait cédé si aisément à un petit nombre d'agresseurs ? — Dites plutôt à un seul, repartit ce prisonnier, car il n'y a eu qu'un grand jeune homme, beau comme un ange, qui a causé tout ce carnage. Sa valeur et sa force sont si grandes, qu'il n'est pas surprenant qu'on n'ait pu lui résister : il faut que ce soit un Dieu ou un diable. — Hocquincourt n'eut pas de peine à comprendre que le prisonnier voulait désigner Tourville. Cet intrépide marin n'avait alors que dix-neuf ans. Conduit à Sifanto, il s'y rétablit de ses blessures et se hâta de rejoindre ses frères d'armes. Hocquincourt le nomma lieutenant de la prise que l'on devait à son intrépidité, et à laquelle il ordonna d'aller en avant pour servir d'amorce aux corsaires turcs. Bientôt parurent deux vaisseaux de Tunis, qui avaient pris la veille un navire marchand et l'avaient armé en guerre. Comme ils cherchaient le profit et non le danger, ils ne se seraient point exposés au combat, si, trompés par la prise tripolitaine, ils n'eussent regardé l'escadre de Hocquincourt comme trois vaisseaux turcs. Ils reconnurent trop tard leur erreur. Le vaisseau de Tourville fut le premier à engager l'action, en attaquant un navire qui n'avait pas plus de canons que lui, mais dont l'équipage était quatre fois plus nombreux. Il en reçut une bordée qui ne lui fit pas grand mal, et il lui répondit avec plus de succès. Voyant que l'artillerie des Chrétiens était mieux servie que la leur, les Turcs voulurent aller à l'abordage, et furent repoussés avec vigueur par Tourville, sur lequel ils dirigeaient presque tous leurs coups. Leur fureur ne déconcerta point notre valeureux marin. Après la mort de son capitaine, qui fut emporté d'un coup de canon, il chargea les pilotes de la manœuvre, confia le soin de l'artillerie à l'enseigne, et se réserva les coups de main. Le combat se ranima avec une ardeur incroyable, et Tourville se voyait au moment de triompher, quand on vint l'avertir que le navire avait été percé à fleur d'eau, et que la voie étant trop grande pour que les pompes y pussent remédier, il fallait se rendre ou couler bas. Pour toute réponse, il ordonna l'abordage. Les Turcs, qui ignoraient le malheur arrivé à son bâtiment, s'y précipitèrent en foule et furent engloutis par les flots, tandis que Tourville, avec tout ce qu'il avait d'hommes en état de combattre, s'élançait sur le leur et travaillait à s'en emparer. Ce ne fut pas sans peine qu'il y parvint. Les Turcs qui lui restaient encore à combattre étaient en plus grand nombre que son équipage et se défendaient avec l'énergie du désespoir. Ils se servaient, pour retranchements, du château d'avant et des chambres, tandis que les Chrétiens combattaient à découvert. Enfin, Tourville entrevoyait le moment où, malgré sa valeur, il allait être vaincu, quand un grand bruit, venant de l'écoutille, attira son attention. Il y envoya quatre matelots armés de hache, et cinquante esclaves chrétiens, qui, s'en élançant bientôt après, se précipitent sur les Turcs, changent soudain la face du combat, et décident la victoire en faveur de notre vaillant chevalier. Il était nuit alors; on n'apercevait plus les vaisseaux de Hocquincourt et de Cruvilier, qui, après avoir forcé leurs adversaires à fuir, s'étaient mis à leur poursuite; et Tourville, de concert avec son équipage, se détermina à retourner à Sifanto pour y radouber son nouveau bâtiment. De là, il se rendit à Zante, où, contre son espoir, il ne trouva point Hocquincourt; il alla ensuite à Malte, où il ne fut pas plus heureux. Le Grand-Maître le reçut cependant avec la plus haute distinction et lui proposa de s'associer à un corsaire napolitain, nommé Carini, dont les talents et la bravoure étaient célèbres dans tout l'Orient. Cette offre fut agréée volontiers. Bien que déjà capable de diriger en chef une expédition, Tourville, aussi modeste que brave, parvint à faire accepter au corsaire le commandement de leur petite escadre. Ils convinrent d'attaquer tous les vaisseaux musulmans qu'ils rencontreraient, sans avoir égard à leur nombre; de ne jamais prendre la fuite, quelque chanceux que parût le succès, de n'éviter jamais le combat, et de partager toutes les prises entre eux et leurs équipages. Enfin, ils statuèrent par un acte que celui des deux qui survivrait à l'autre hériterait de toutes ses parts.

Ils allèrent de nouveau mouiller à Zante. Ils y apprirent que Hocquincourt y avait hiverné et en était reparti. On les informa également que trois corsaires turcs croisaient vers les îles de Sapienza pour surprendre les vaisseaux qui entraient dans le golfe de Venise ou qui en sortaient. Un capitaine vénitien, que la crainte de les rencontrer retenait dans ces parages, promit de se joindre à nos deux braves aventuriers, et de résister en cas d'attaque. On profita de sa bonne volonté, et les trois navires se mirent en mer. A la hauteur de l'île de Carrera, le Vénitien, qui allait le premier, signala trois voiles turques, et attendit Carini et Tourville, qui, l'ayant placé entre eux, manœuvrèrent vers les ennemis. Après les premières bordées, les Musulmans, qui plusieurs fois avaient tenté l'abordage et qui avaient été plusieurs fois repoussés, l'essayèrent encore avec un nouvel acharnement. Tourville les laissa pénétrer dans son vaisseau, et, quand il en vit cent cinquante sur son bord, il fit couper les amarres, repoussa le bâtiment ennemi, et le tint en respect par le feu de son artillerie, tandis qu'il massacrait ou mettait aux fers tous les Turcs qui s'étaient jetés sur son tillac. Charmé du succès de cette manœuvre, il la réitéra, réussit encore, et, sautant à son tour sur le navire musulman, il s'en rendit maître sans beaucoup d'efforts. Ayant chargé le chevalier Marini d'y commander, il repassa sur son bord et vint avec sa prise au secours de Carini ainsi que du Vénitien; mais les deux autres vaisseaux turcs ne l'attendirent pas; l'un réussit à fuir, et l'autre, l'ayant tenté inutilement, mit le feu à ses poudres et se brûla. La prise faite par Tourville contenait beaucoup d'argent que l'on partagea, et un grand nombre d'esclaves chrétiens, qui dûrent à la valeur de notre jeune héros le recouvrement de leur liberté.

Après avoir escorté jusqu'à Venise le capitaine de cette nation, qui l'avait parfaitement secondé, Tourville fut présenté au Doge, accueilli par ce prince avec distinction, et repartit accompagné du corsaire napolitain et de Marini. Parvenu à la hauteur de Vénética, il aperçut quatre vaisseaux turcs, parmi lesquels se trouvait celui qui était échappé à la dernière rencontre. L'action ne tarda pas à s'engager avec une fureur inconcevable. Quelques bordées suffirent à notre jeune marin pour mettre un des navires ennemis hors de combat, et pour tuer le capitaine d'un autre de ces bâtiments. La terreur, qui déjà s'était attachée à son nom, et son extraordinaire valeur, le rendirent bientôt maître de ces deux vaisseaux. Il en coula un à fond après l'avoir dépouillé, et alla secourir celui de Carini. Arrivé assez tôt pour sauver ce navire, dont le capitaine avait été tué, il força les assaillants à une fuite rapide, tandis que la prise qu'il avait faite mettait en pleine déroute les adversaires de Marini. Telle fut l'issue d'un combat où Tourville, à peine âgé de vingt ans, se montra l'égal des marins les plus consommés. Lorsqu'il eut radoubé, à Sifanto, ses quatre bâtiments, il se mit en possession de ce qui avait appartenu à Carini, il partagea le butin qu'il venait de faire, donna au chevalier Morozini le commandement de la prise et celui du corsaire napolitain au chevalier de Saint-Roman. Il alla à Zante vendre ses esclaves et augmenter ses équipages. Arrivé à Malte, il y trouva Cruvilier et Hocquincourt. Comme ces deux marins voulaient se quitter, il céda au premier deux de ses navires, et se remit sous les ordres du second, avec son vaisseau et celui de Marini.

Ces trois braves chevaliers parcoururent la mer durant deux mois, sans rencontrer l'occasion de nouveaux triomphes. Enfin, ils aperçurent six voiles algériennes qui, à leur vue, s'enfuirent précipitamment. Le chevalier de Tourville, dont le bâtiment était meilleur voilier que ceux de ses deux compagnons, atteignit le plus formidable de ces pirates, le canonna, l'aborda, et, malgré la plus opiniâtre résistance, s'en empara aux yeux de Hocquincourt et de Marini, qui, pour ne point affaiblir l'honneur d'une si belle victoire, en demeurèrent paisibles spectateurs.

Comme la santé du premier de ces deux marins se trouvait fort altérée, on retourna à Malte, où

Tourville lui rendit tous les soins de la plus touchante amitié, et ne se distingua pas moins par l'excellence de son cœur, qu'il ne s'était illustré par l'héroïsme de son courage.

Lorsque Hocquincourt se fut rétabli, il se remit en mer avec Marini et Tourville. Ces trois valeureux marins ne tardèrent pas à rencontrer trente-six galères turques, qui, les ayant aperçus, se hâtèrent de les venir attaquer. Quelque disproportionné que fût leur nombre à celui de leurs adversaires, ils s'avancèrent hardiment au-devant de la bataille qu'on leur présentait. Par des canonnades lâchées plus à propos et mieux dirigées, ils répondent à celles de leurs ennemis et les empêchent d'aborder; ils les écrasent à coups de grenades et de lances à feu; ils les foudroient de leur mousqueterie; et après avoir, durant neuf heures consécutives, soutenu avec avantage le combat le plus inégal, et tué plus de huit cents hommes à leurs ennemis, ils les forcent à se retirer vers le fort Dauphin, dans l'île de Chio. Cette victoire était glorieuse, mais chèrement achetée : nos trois chevaliers, hors d'état de tenir plus long-temps la mer, allèrent à Malte pour faire réparer leurs navires; mais ils y furent froidement reçus par le Grand-Maître, que l'on avait indisposé contre eux. Reconnaissant dans cet accueil l'ouvrage de la jalousie qu'avaient excitée leurs exploits, ils quittèrent le service de l'Ordre, vendirent leurs vaisseaux, passèrent à Venise, et y obtinrent du Doge le commandement de deux navires.

A peine se sont-ils mis en mer que, guidés par un bruit de canon, ils trouvent deux corsaires turcs qui combattent trois bâtiments marchands vénitiens. Arrivés assez à temps pour les empêcher de se rendre, nos deux chevaliers se placent entre eux et les Musulmans, qu'ils se mettent à canonner. Tourville leur fait surtout le plus grand mal; il en tue un nombre considérable, détruit les agrès, et repousse victorieusement toutes les tentatives d'abordage. Enfin, s'il permet aux ennemis de monter sur son bord, ce n'est que pour qu'ils y trouvent la captivité ou le trépas. Effrayé par tant de courage, le capitaine turc, qui l'a combattu, coupe les amarres et se hâte de fuir. Pendant ce temps-là, Hocquincourt coulait à fond le corsaire qu'il avait attaqué. Lorsque nos deux vainqueurs se furent radoubés, ils escortèrent les vaisseaux marchands. Tourville y fit embarquer tous ses prisonniers, afin qu'ils fussent présentés au Doge.

Depuis ce combat, deux mois s'écoulèrent sans aucune rencontre. Mais, le 28 novembre 1665, à la fin d'une nuit très-obscure, nos deux marins se trouvèrent près de vingt-six galères turques. On se prépare de part et d'autre au combat, on s'attaque; et, après quelques heures d'un feu terrible, les galères se dérobent par la fuite à une entière destruction. Hocquincourt et Tourville allèrent se réparer à Zante et en repartirent le 1er mai. Le 3 juin, ils essuyèrent une tempête qui les sépara. Le lendemain, Tourville aperçut un vaisseau qu'il prit pour celui de Hocquincourt, mais qu'il reconnut bientôt pour un bâtiment turc, écarté de sa conserve par la tempête. Quoique fort maltraité par le mauvais temps, notre intrépide chevalier ne balança point à attaquer ce navire. Il s'en rendit maître après un rude combat, où le sien fut fort endommagé. Comme il allait le faire radouber à Zante, il rencontra Hocquincourt, qui l'emmena à Venise. Ils y furent accueillis l'un et l'autre avec toute la distinction et tous les honneurs dont leurs talents et leur courage les avaient rendus dignes ; mais Tourville y reçut des lettres de sa mère, qui le décidèrent à quitter le service de Venise pour entrer à celui de sa patrie.

EXPLOITS DE JEAN D'ESTRÉES.

Depuis 1644, qu'il avait fait sa première campagne sous le duc d'Orléans, Jean, comte d'Estrées s'était successivement signalé au siége de Gravelines, à l'attaque du pont de Charenton, où il se trouvait avec le grade de maréchal-de-camp ; aux siéges de la Bassée, d'Ypres et à plusieurs autres expéditions ; dans l'armée du maréchal de Hocquincourt, sous lequel il commandait deux bataillons ; dans celle des maréchaux de Turenne et de la Ferté, sous lesquels il servait comme lieutenant-général ; enfin, dans la campagne qu'en 1666, Louis XIV dirigea lui-même contre la Flandre. Ce monarque lui confia alors le commandement d'une escadre avec laquelle d'Estrées attaqua les Anglais qui avaient fait une invasion dans nos colonies de l'Amérique ; il les y battit et les força d'abandonner tout ce qu'ils avaient envahi. Mais celui de ses exploits qui lui acquit encore plus de gloire, fut la bataille qu'avec les Anglais il livra, en 1672, contre les Hollandais, près du port de Soulsbaie, entre Harwich et Yarmouth.

Ces altiers républicains n'avaient pas redouté d'encourir l'indignation de Louis XIV. Le monarque français arma contre eux une flotte de cinquante voiles, et en donna le commandement à Duquesne et au duc d'Estrées, car ce titre avait été conféré à celui-ci depuis 1663. Ces amiraux, s'étant joints à la flotte anglaise, sous les ordres du duc d'Yorck, se dirigèrent vers Soulsbaie, pour y faire de l'eau, et y rencontrèrent Ruyter, à la tête de quatre-vingt-un navires hollandais. Ce fut le 7 juin que le combat s'engagea entre les deux partis. Pendant que le duc d'Yorck soutenait avec valeur les efforts tentés contre lui par le centre de l'armée hollandaise et que Ruyter dirigeait en personne, d'Estrées, à l'aile droite, dont il avait le commandement, se signalait par des prodiges de bravoure contre le lieutenant-amiral Bankert, qui lui était opposé. Il déploya un courage héroïque, en repoussant et en attaquant tour à tour son adversaire, tandis que Duquesne battait Evertzen, vice-amiral de Zélande. Le vent ayant alors changé, les amiraux français réitérèrent leurs attaques avec une ardeur toujours nouvelle, toujours croissante, et ils obligèrent les ennemis à mettre à profit l'obscurité pour se retirer dans leurs ports. D'Estrées fut dignement secondé dans cette rencontre par le chevalier de Tourville, qui commandait un des vaisseaux de sa division. Juste appréciateur de l'intrépidité et des talents, notre valeureux amiral ne laissa point ignorer à la cour la hardiesse avec laquelle Tourville avait mis en fuite le vaisseau qui l'avait combattu ; et, sans craindre de rabaisser le mérite de son triomphe, en y faisant participer ce jeune héros, il sut, par la noblesse de sa conduite, rehausser encore l'éclat d'une victoire déjà tant illustrée par le grand nombre des ennemis que cette célèbre journée a vu céder à ses coups.

EXPLOITS DE JEAN D'ESTRÉES ET DE DUQUESNE.

Trente vaisseaux de guerre, vingt frégates, treize brulôts et quelques galiotes furent les seules forces navales qu'en 1673, Louis XIV opposa aux Hollandais; mais le commandement en fut confié à Jean d'Estrées et à Duquesne. Ces deux grands hommes opérèrent leur jonction avec l'escadre anglaise que commandait le prince Robert; ils allèrent ensuite chercher les ennemis, et, le 7 juin, ils les trouvèrent à l'ancre devant Schoovelt. D'Estrées engagea l'action en attaquant le vice-amiral Tromp, et il se précipita sur lui avec tant d'impétuosité qu'il l'eût infailliblement séparé du reste de sa flotte, et coulé à fond ou capturé, si Ruyter, qui, dans cette circonstance, était encore à la tête des Hollandais, ne fut accouru au secours de Tromp et ne l'eût préservé d'une défaite inévitable. Bientôt le prince Robert assaillit à son tour Ruyter, et d'Estrées ne manqua pas de profiter de cet incident pour fondre de nouveau sur Tromp, qui fut de nouveau sauvé par l'intervention de son amiral. Le combat se prolongea jusqu'à la nuit avec des succès à peu près égaux de part et d'autre. D'Estrées et Duquesne s'y couvrirent de gloire et justifièrent par les plus brillants exploits une réputation qui devait encore s'accroître. Le premier de ces deux amiraux ne refusa point à son ennemi la justice qu'il savait accorder à ses officiers : « Ruyter, écrivait-il, après cette affaire, en s'adressant à M. de Seigneley, ministre de la marine; Ruyter est un grand maître : il m'a donné de belles leçons dans cette bataille. Je paierais volontiers de ma vie la gloire qu'il s'y est acquise. »

Le 14 du même mois, les escadres combinées de France et d'Angleterre rencontrèrent Ruyter et les Hollandais, ils les attaquèrent, et les combattirent pendant quatre heures. Duquesne et d'Estrées se montrèrent toujours dignes d'eux-mêmes, de leur patrie et de leur roi; mais, mal secondés par l'amiral anglais Sprach, ils ne purent obtenir aucun avantage décisif.

Bientôt après, les amiraux français et anglais mirent tout en usage pour déterminer Ruyter à en venir aux mains encore une fois, mais ce fut d'abord sans succès. Cependant, les états-généraux de Hollande, informés que leur flotte des Indes était sur le point d'arriver, ordonnèrent à Ruyter d'empêcher qu'elle ne tombât au pouvoir des deux escadres combinées, et cet amiral s'empressa de leur venir présenter la bataille. Elle eut lieu le 21 du moi d'août. Le duc d'Estrées attaqua le premier et essaya, selon sa coutume, de séparer de la flotte ennemie les vaisseaux du lieutenant-amiral Bankert; il y réussit et se préparait à les brûler, quand Ruyter avança sur lui avec toutes ses forces, et, par un feu terrible, le contraignit à lâcher prise. Bientôt, renforcé par des navires français et anglais, d'Estrées retourna à la charge. La bataille devient alors générale, s'échauffe avec une ardeur extraordinaire, et se continue jusqu'à la fin du jour avec le plus furieux acharnement. Les pertes en officiers, en soldats et en matelots furent immenses de part et d'autre; mais elles n'obtinrent point d'autre résultat que d'immortaliser de plus en plus les commandants des deux flottes ennemies.

PREMIERS EXPLOITS DE JEAN BART.

Dunkerque, qu'illustra à jamais la naissance de Jean Bart, raconte encore avec un légitime orgueil les exploits de ce brave marin. Fils d'un simple pêcheur, Jean Bart quitta la profession de son père, passa en Hollande, s'embarqua comme mousse sur l'escadre de Ruyter, et s'y fit remarquer par une activité et une aptitude sans exemple. Il n'avait guerre plus de vingt-ans, lorsqu'en 1671, la guère éclata entre la France et la Hollande. Un héros tel que Jean Bart ne pouvait servir contre sa patrie; il se hâta donc d'abandonner les ennemis, sans se laisser éblouir par leurs offres, et il prit du service à bord d'un corsaire dunkerquois, qui dut bientôt à la valeur de notre marin la plus grande partie de ses prises. Les sommes qu'elles valurent à Jean Bart le mirent à même d'équiper à ses frais, en 1676, une galiote de deux pièces de canon et de trente-six hommes d'équipage. Arrivé devant le Texel, il y trouva une frégate montée par soixante-cinq hommes et défendue par dix-huit canons; il l'attaque, l'aborde, la capture, et l'amène au port de Dunkerque. Un exploit aussi hardi et exécuté avec tant de bonheur ne fut que le prélude de nouveaux succès. Ils rehaussèrent la gloire qui s'attachait déjà au nom de notre héros, et déterminèrent plusieurs armateurs à lui confier le commandement d'une frégate de dix canons. Jean Bart s'en servit pour prendre à la vue de Dunkerque une frégate hollandaise de douze pièces d'artillerie. Peu après il se rend dans la mer Baltique, où se présenta à ses regards une nombreuse flotte marchande, protégée par deux frégates, l'une de douze et l'autre de dix-huit canons : il les attaque, met en fuite la première, s'empare de la seconde, et capture ou coule à fond tous les vaisseaux marchands. Cinq frégates sont alors placées sous ses ordres par les mêmes armateurs. Il part avec cette petite escadre en 1676; il rencontre huit bâtiments de commerce, qu'escortent trois vaisseaux de guerre, l'un de dix-huit, l'autre de vingt-quatre, et le troisième de vingt-huit canons; il prend le premier, fait fuir les deux autres, et se rend maître des huit navires marchands. Tant de hauts faits furent encore suivis par de nouveaux triomphes : le mois de mai 1677 vit notre valeureux corsaire attaquer et vaincre seize vaisseaux de commerce que défendait une frégate de vingt-quatre canons; et, au mois de septembre de la même année, cet intrépide marin enleva plusieurs voiles marchandes et un navire de trente-six pièces d'artillerie. Prompt à récompenser de si grands services, Louis XIV

lui envoya une médaille et une chaîne d'or. Bientôt après, Jean Bart, monté sur une frégate de quatorze canons, se rendit maître d'un navire hollandais qui en portait trente-deux et dont l'équipage était bien plus nombreux que le sien. Appelé dans la marine royale et promu au grade de capitaine de frégate, il attaqua et prit en 1678 un corsaire de Salé beaucoup plus fort que son vaisseau. Ainsi commença-t-il à répandre sur la marine de l'Etat la gloire qui ne cessa de l'environner dans aucune de ses entreprises.

DUQUESNE EN SICILE.

Les services que nos marins avaient rendus en Sicile ne tardèrent pas à être récompensés; la dignité de maréchal de France conférée à Vivonne, et le grade de chef d'escadre décerné à Tourville, furent, entre autres promotions, d'éclatantes preuves de la reconnaissance du monarque. Cependant les succès obtenus par nos armes ne purent empêcher que les Espagnols ne ranimassent leur courage à la vue de Ruyter amenant à leur secours vingt-quatre vaisseaux de guerre, quatre barques et quatre brûlots. Ils reprirent la défensive et se remirent en possession de quelques-unes des places que nous leur avions enlevées. Alors le maréchal de Vivonne envoya Duquesne en France, pour solliciter les secours nécessaires à la conservation de ses conquêtes. Duquesne revint bientôt avec vingt vaisseaux de guerre et le titre de lieutenant-général des armées navales. Le 7 janvier 1676, cet habile marin se trouva, dans les parages de Stromboli, en face de Ruyter, qui commandait une flotte de dix-huit vaisseaux de ligne et de cent bâtiments plus petits. Le 8, l'amiral français donna le signal de l'attaque, fit plier l'avant-garde hollandaise, coula à fond un de ses vaisseaux, et eût infailliblement obligé Ruyter à amener son pavillon, si un calme ne fût venu tout à coup frapper d'immobilité tous nos navires. Deux jours entiers, les flottes ennemies, renforcées chacune par un nombre de vaisseaux à peu près égal, demeurèrent en présence; et Duquesne, convaincu qu'il ne pouvait forcer l'entrée du Phare où se tenait son adversaire, fit le tour de la Sicile et arriva, par le sud, au terme de son voyage. Informé de ce combat et de cette adroite manœuvre, Louis XIV écrivit à Duquesne pour l'en féliciter.

Au mois d'avril de la même année, Ruyter vint attaquer par mer la ville de Messine, tandis que les Espagnols en faisaient le siége par terre. Pour s'opposer à cette entreprise, Duquesne, avec trente vaisseaux de ligne, trois frégates et sept brûlots, s'avança vers la flotte ennemie composée de vingt-sept bâtiments de guerre tant espagnols que hollandais, de neuf frégates et de quelques brûlots. Il la rencontre, le 22 avril, à trois lieues d'Augusta, par le travers du golfe de Catane, et la bataille commence par un engagement entre les deux avant-gardes. L'un et l'autre amiral y déployèrent autant de courage que de talents; un acharnement égal éclatait des deux côtés, et la victoire balançait incertaine. Voyant les Hollandais et les Espagnols concentrer tous leurs efforts contre son avant-garde, Duquesne l'envoya secourir par Tourville, qui, dans cette occasion comme dans toutes les autres, ne démentit point sa réputation. Enfin la valeur des Français et l'habileté de leur amiral l'emportèrent sur la fortune des ennemis, la victoire se décida en notre faveur; Ruyter eut d'un coup de canon le devant du pied gauche emporté et les deux os de la jambe droite cassés; il tomba aussitôt, et se blessa à la tête; cet événement mit le comble à la défaite de sa flotte, qui se hâta d'aller chercher un asile dans le port de Syracuse. Duquesne, retenu par l'obscurité de la nuit sur le théâtre de sa gloire, se présenta, le lendemain, devant le port qui servait de refuge aux vaincus, et il leur offrit la bataille. Elle ne fut point acceptée, et notre armée navale se retira.

Sept jours après ce combat, Ruyter mourut; son cœur fut embaumé, placé dans une urne d'argent, que l'on renferma dans une boîte, et confié au capitaine Kallembourg, afin qu'il le portât en Hollande. Mais, quelques précautions que ce capitaine prît pour se dérober aux Français, il n'y put réussir. Poursuivi, atteint, attaqué, capturé par eux, et conduit à Duquesne, Kallembourg lui présenta son épée; cet amiral la refusa; il lui demanda le motif de son voyage; et l'ayant appris, il se fit conduire à la chambre où reposait le cœur de Ruyter. A la vue de la boîte qui le renfermait : « Voilà donc les restes d'un grand homme! s'écria-t-il en levant les mains; il a trouvé la mort au milieu des hasards qu'il avait bravés tant de fois. » S'adressant ensuite à Kallembourg : « Votre commission, lui dit-il, est trop respectable pour qu'on vous arrête ; » et il lui fit donner un passeport.

Cependant, Louis XIV, jaloux de profiter des succès que ses forces navales avaient obtenus, se hâta d'envoyer en Sicile toutes ses galères et trois vaisseaux de ligne. Le maréchal de Vivonne en donna le commandement à Duquesne, qui mit à la voile le 28 mai. Le 31, cet intrépide amiral, ayant joint les Hollandais et les Espagnols, à la vue de Palerme, où ils s'étaient réfugiés, les attaqua le 2 juin. L'avant-garde ennemie, à l'aspect de trois de ses vaisseaux incendiés par trois brûlots français, coupa ses câbles et alla échouer sur la côte voisine. Duquesne, se précipitant alors sur le gros de la flotte ennemie, engagea contre elle le combat le plus meurtrier. Long-temps la victoire fut disputée avec un incroyable acharnement ; enfin, deux de nos brûlots mirent le feu à l'amiral espagnol ; le vice-amiral et le contre-amiral de la même nation prirent aussitôt la fuite, et leur exemple fut en un instant suivi par tout le reste de l'armée, dont une partie entra dans le port de Palerme, et une autre échoua sous cette ville. Mais, pour avoir perdu la bataille, les ennemis n'étaient point pour cela aux termes de leurs désastres : quatre brûlots français furent poussés par le vent dans le port et incendièrent le vice-amiral d'Espagne, le contre-amiral de Hollande, et sept autres navires entassés dans le même endroit. L'explosion de ces bâtiments et de ces brûlots fut épouvantable ; au même moment, l'on vit sauter en l'air les ferrements et des parties entières de vaisseaux ; une multitude d'officiers et de soldats furent tués ou mortellement blessés ; le port fut détruit, et nombre d'édifices renversés. Tel fut le terrible complément d'une bataille, où nos adversaires avaient perdu sept gros vaisseaux, six galères, sept brûlots, sept cents canons et cinq mille hommes.

Vivonne, qui se trouvait sur notre flotte, retourna à Messine, et fit sur terre plusieurs conquêtes importantes. Duquesne les lui facilita, en croisant dans la Méditerranée où il devint la terreur des pirates d'Alger et de Tripoli. Bientôt après, cet illustre marin fit livrer aux flammes, dans le môle de Barcelonne, un navire espagnol de soixante canons, monté par trois cents hommes d'équipage; et, dans le port de Chio, il coula à fond un nombre infini de vaisseaux de Tripoli et d'Alger. Tant de hauts faits furent récompensés par la terre du Bouchet, près d'Etampes, que Louis XIV érigea en marquisat sous le nom de Duquesne, et donna à notre héroïque amiral.

BOMBARDEMENT DE GÊNES.

Dans la dernière guerre de la France contre l'Espagne, Gênes avait soutenu en secret, mais de tout son pouvoir, les adversaires de Louis XIV; elle ne nous avait épargné ni les insultes ni les vexations; c'était chez elle que les Algériens, quoique ses ennemis, avaient trouvé, par l'avidité de ses commerçants, les munitions qui leur étaient nécessaires afin de soutenir nos attaques. Tout récemment encore, à la demande du roi, qui désirait avoir un magasin de sel à Savonne, pour l'approvisionnement de Casal, cédée à la France par le duc de Mantoue, les Génois avaient répondu par un refus formel et fondé sur la crainte de voir un jour le monarque profiter de cette occasion ; afin de réduire Savonne en son pouvoir. Dans cet état mutuel de défiance, la république arma quatre navires, et prétendit ne les destiner qu'à la défense de ses rivières ; mais Louis XIV la soupçonnait de les avoir préparés en vue de secourir le roi d'Espagne, avec lequel il avait encore quelques difficultés, et qui déjà avait envoyé à Gênes une garnison. Ce nouveau motif de mésintelligence fit éclater la vengeance de Louis. Ce prince équipa, dans les ports de la Méditerranée, quinze vaisseaux de ligne, vingt galères, dix galiotes à bombes, deux brûlots, huit flûtes, vingt-sept tartanes et soixante-dix bâtiments à rames. Le marquis de Seignelai, fils de Colbert, et ministre de la marine, à la tête de cette escadre que commandaient sous lui Duquesne et Tourville, partit, le 5 mai 1684, et se présenta devant Gênes le 17 du même mois. A son arrivée, six sénateurs vinrent le complimenter et s'informer des intentions de Louis XIV à l'égard de leur république. Le ministre leur déclara qu'elle avait encouru l'indignation du monarque français, et qu'elle en détournerait les résultats en envoyant une ambassade de quatre sénateurs, et en livrant les quatre galères nouvellement construites. Le Sénat, après quelques réponses évasives, fit tirer toute son artillerie sur nos vaisseaux, et Duquesne commença aussitôt le bombardement. Cette opération dura, sans discontinuer, depuis le 20 jusqu'au 24, et causa d'épouvantables ravages. Afin d'y ajouter encore, on résolut de faire une descente. Tourville l'opéra, le premier, à la tête de neuf cents hommes, malgré le feu terrible des ennemis. Dans cette rencontre, il eut la douleur de voir périr le plus jeune de ses deux neveux, dont l'aîné avait été tué, sous ses yeux, au bombardement d'Alger. Quelque cruelle que fût pour lui cette mort, Tourville n'en continue pas moins d'exécuter tout ce qu'on doit attendre de sa bravoure et de son habileté ; il achève son débarquement, va se poster au bout du faubourg, sous les murailles de la ville, et facilite l'abordage au reste des troupes. En peu de temps, le faubourg est livré aux flammes et entièrement consumé ; les troupes remontent sur leurs vaisseaux ; le bombardement recommence, et il se poursuit jusqu'au 28. Il détruisit une partie des édifices fameux qui avaient mérité à la ville le nom de Gênes-la-Superbe : trois cents maisons renversées ou brûlées, le même sort éprouvé par le palais du Doge, par le palais de Saint-Georges qui contenait le trésor de la république, par une infinité d'autres palais, par l'arsenal et tous les magasins ; toutes les marchandises qu'on y avait renfermées, devenues la proie des flammes, attestèrent les désastreux effets de cette terrible expédition.

La fierté naturelle aux républicains et l'appui des Espagnols aidèrent les Génois à supporter cette attaque avec courage. Mais la menace d'une seconde entreprise, et la présence de Tourville, qui, avec une petite escadre de cinq vaisseaux et de quatre galiotes à bombes, était resté sur la côte et tenait captifs dans leur port tous les vaisseaux des ennemis, firent mollir leur résolution, et les portèrent à rechercher la médiation du Pape. Louis XIV accueillit les propositions du Souverain-Pontife, et rendit ses bonnes grâces à la république, mais aux conditions suivantes : elle réduira le nombre de ses galères ; la garnison espagnole évacuera Gênes ; les pertes causées aux Français seront réparées ; nonobstant la loi fondamentale de l'État, qui défend au Doge de sortir du territoire de la république, ce prince et quatre sénateurs viendront, au commencement de 1685, porter à Versailles l'assurance de leur soumission ; pour être admis à l'audience du Roi, ils seront en habits de cérémonie ; le Doge portera la parole au nom de la république ; et, dans les termes les plus respectueux, il témoignera ses regrets d'avoir déplu à Sa Majesté ; enfin, à leur retour à Gênes, le Doge et les sénateurs continueront d'exercer leur charge jusqu'à l'expiration du terme assigné à leur gouvernement.

Toutes ces conditions furent acceptées et exécutées avec la plus scrupuleuse fidélité. Louis XIV mit à la réception du Doge tout l'appareil dont ce grand Roi aimait à s'environner dans les circonstances imposantes ; mais, par toutes sortes de politesses et d'égards, il sut adoucir ce que le Doge et les quatre sénateurs devaient trouver d'humiliant dans la démarche qu'on leur avait imposée.

Comme on les promenait dans les jardins et les appartements dont on leur faisait admirer la magnificence, Seignelai demanda au Doge ce qu'il trouvait de plus extraordinaire à Versailles : *C'est de m'y voir*, répondit-il. Gênes bombardée fut le dernier exploit de Duquesne. Ne mesurant ses forces qu'à son courage, il voulait, à l'âge de soixante-quinze ans, continuer de servir son Roi. S'opposant avec fermeté à cette héroïque, mais imprudente résolution, Louis XIV l'obligea d'aller se reposer dans sa famille : « Monsieur Duquesne, lui dit-il, un homme, qui a servi aussi long-temps et aussi utilement que vous, doit se reposer. Ceux qui vont commander dans la marine suivront vos leçons et vos exemples ; ce sera encore vous qui conduirez mes flottes. »

C'était ainsi que, par un seul mot échappé à sa grande ame, ce monarque payait une digne récompense à d'illustres services, et consolait un cœur généreux, noblement affligé de n'en pouvoir pas rendre de nouveaux.

DERNIERS EXPLOITS DE JEAN DESTRÉES.

Malgré la paix qui venait de lui être accordée par la France, la régence de Tripoli continuait contre notre marine marchande le cours de ses pirateries. Louis XIV, afin d'y mettre un terme, arma une flotte nombreuse, et il en donna le commandement au maréchal duc d'Estrées, avec ordre de bombarder Tripoli.

Cette ville, qu'il ne faut point confondre avec Tripoli de Syrie, est située en Afrique, au milieu d'un désert sablonneux et aride ; et, après les eaux de la mer qui baignent ses murs, elle n'en connaît point d'autres que les eaux de la pluie. Si ses remparts, quoique très-élevés, ont peu de consistance, elle est protégée par un grand nombre de forteresses, et couverte par deux bastions.

Arrivé devant cette place le 19 juin 1685, d'Estrées mouilla à deux lieues au large ; et, comme le fond y était mauvais, il envoya, dès la nuit suivante, Tourville avec quelques chaloupes armées, sonder, sous les murs de Tripoli, où le fond se trouva excellent. Par l'ordre de d'Estrées, M. d'Amfreville alla mouiller avec deux vaisseaux à une lieue de la place, et tout le reste de la flotte reçut bientôt après et exécuta le même ordre.

Jusqu'au 22 juin, le mauvais temps ne permit aucune entreprise, et l'on se borna, à reconnaître la place, dont un plan régulier fut levé par les ingénieurs. Mais le 22, à huit heures du soir, tous les préparatifs étant terminés, on fit approcher, pour le service des bombardes, plusieurs détachements de chaloupes à rames et d'autres bâtiments ; Tourville, qui commandait l'attaque, se posta avec ses vaisseaux à l'entrée du port, afin d'en interdire la sortie aux ennemis ; et, vers les dix heures, on commença le bombardement. MM. de Landouillet et de Pointis, qui étaient chargés de le diriger, s'en acquittèrent avec tant de succès, qu'ils réduisirent au silence l'artillerie et la mousqueterie des Tripolitains, et qu'ils les contraignirent d'abandonner leurs bastions. Le jeu de nos mortiers ne cessa qu'à six heures du matin ; il recommença la nuit suivante, et ne tarda point à mettre le feu en plusieurs endroits de la ville.

Cependant, les ennemis ne songeaient point à capituler.

Indigné de leur opiniâtre résistance, d'Estrées résolut, en continuant toujours à les bombarder, de battre leurs remparts avec le canon. Dans ce dessein, et d'après les ordres du maréchal d'Estrées, Landouillet et Pointis, montèrent sur une chaloupe. Escortés par une galiote à rames que commandait M. le Moutheux, et suivis de cinq chaloupes armées, ils allèrent, à dix heures du matin, et malgré le feu terrible que faisaient sur eux les ennemis, reconnaître l'écueil le plus voisin, de la ville et sur lequel on se proposait d'établir une batterie. Pendant que, mettant à fin cette opération, ils bravaient le feu meurtrier que dirigeaient sur eux les Tripolitains, M. de la Guiche, lieutenant de vaisseau, à la tête de cinq chaloupes, s'avançait dans le port, le sondait et y trouvait un excellent fond. Cet officier, voyant sur le rivage un assez nombreux détachement d'infanterie et de cavalerie, tira quelques coups de canon qui le dispersèrent. Cette agression que les Tripolitains essuyaient jusque dans leur port; l'audace des officiers français, qui, sous leurs yeux et sous le feu de leurs batteries, étaient venus, en plein jour, reconnaître l'écueil et s'en étaient retournés sans autre perte que la mort de trois matelots et la blessure de M. le Moutheux, atteint d'un boulet à la cuisse; les canonnades que, durant ce temps-là, d'Estrées était venu en personne faire éprouver aux forteresses de la ville; enfin le bombardement, qui, toujours poursuivi avec la même ardeur, causait les plus affreux ravages, répandit la plus grande consternation dans l'assemblée du peuple où quelques bombes vinrent éclater et tuèrent trente personnes; tout décida les assiégés à abaisser leur arrogance sous le joug de la nécessité. A midi, une chaloupe avec pavillon blanc sortit du port ; elle se dirigea vers le vaisseau amiral français, sur lequel montèrent bientôt des envoyés tripolitains. A leur tête était l'infortuné Tricks, vieillard âgé de quatre-vingt-quatorze ans, beau-frère de Baba-Assen ; et, depuis deux ans, chassé d'Alger, où il en avait régné vingt en qualité de Dey. Il venait, comme médiateur, s'interposer entre les Français et le peuple qui avait accordé un asile à ses malheurs.

D'Estrées répliqua qu'il ferait connaître ses intentions aux Tripolitains par un de ses officiers, qui rapporterait leur réponse ; il ajouta qu'il accordait une trêve de vingt-quatre heures, après lesquelles il recommencerait les hostilités, si ses intentions n'étaient point acceptées. Trieks, en s'en retournant, laissa en ôtage un des principaux habitants de la ville. Le jour suivant, 25 juin, notre amiral envoya au Divan rassemblé plusieurs officiers qui demandèrent une contribution de deux cent mille écus, et la liberté de tous les esclaves chrétiens qui avaient été pris sous la bannière de France.

Les Tripolitains, après bien des négociations, obtinrent une diminution de cent mille francs ; mais ils promirent de payer sur-le-champ deux cent cinquante mille livres, et pareille somme dans quinze jours ; ils consentirent en outre à fournir pendant ce temps une certaine quantité de bœuf pour la subsistance des Français ; enfin, ils s'engagèrent à briser les fers de deux cents chrétiens, et de livrer dix d'entre eux jusqu'à ce qu'on eût obtenu la délivrance de quatre cents autres chrétiens qui avaient été envoyés au Grand-Seigneur.

Ces heureuses dispositions ne durèrent pas long-temps. Au lieu de cinquante mille écus qu'ils auraient dû payer le même jour, les assiégés n'en fournirent même pas vingt-cinq mille. Mais l'approche des galiotes françaises, prêtes à recommencer le bombardement, décida le Bey à imposer à ses sujets une taxe extraordinaire. Elle fut levée promptement, malgré l'opposition de quelques mutins dont quatre eurent la tête tranchée ; et, le lendemain, d'Estrées reçut une grande partie de la somme demandée et un navire marchand capturé depuis peu sur un armateur marseillais. Au bout de neuf jours, la somme entière fut payée soit en argent, soit en marchandises ; un traité entre la France et Tripoli fut conclu et signé par notre amiral, par le Bey et par le Divan ; un consul de notre nation fut installé à la prière des Tripolitains, et cinquante coups de canons tirés pour célébrer cette heureuse pacification et pour saluer nos vaisseaux. Ainsi cette régence apprit-elle à respecter désormais notre pavillon, et garda-t-elle un long souvenir de la bravoure française.

De là, d'Estrées vogua vers Tunis, dont quelques pirates avaient pris plusieurs de nos navires marchands, et il se disposa à la bombarder. Mais cette régence, effrayée du sort d'Alger et de Tripoli, ne lui donna pas le temps d'achever ses préparatifs ; elle implora la paix, délivra tous les esclaves de notre nation, et paya les frais de l'armement.

Depuis cette époque jusqu'en 1688, d'Estrées jouit d'un repos glorieusement acheté par tant d'exploits ; mais il en sortit, au commencement de cetteannée, pour obéir aux ordres de son roi, qui l'envoyait contre Alger, de nouveau parjure à sa foi. Parvenu le 1er juillet devant cette place, dEstrées l'attaqua, y lança plus de dix mille bombes, et n'y laissa pas une seule maison entière.

Louis XIV récompensa ce grand homme par l'ordre du Saint-Esprit, par le gouvernement de Nantes et le commandement de la Bretagne. D'Estrées se signala dans ce poste par le soin qu'il mit àinterdire à nos ennemis les côtes de cette province; et, s'il ne s'illustra plus à la tête de nos flottes, il continua toujours de se rendre estimable et cher à son roi et à sa patrie par les éminents services qu'il leur rendit.

EXPLOITS DE TOURVILLE CONTRE LES ALGÉRIENS.

Dès la première nouvelle des hostilités que les Algériens recommençaient de commettre contre la France, Tourville reçut le commandement d'une escadre et l'ordre de courir sur les vaisseaux de cette régence. Notre illustre marin partit aussitôt; il trouva plusieurs de ces pirates près de Ceuta; il fondit sur eux avec son courage ordinaire; il coula à fond leur amiral qui portait quarante canons, et deux bâtiments de vingt-six pièces d'artillerie; enfin, il s'empara de tous les autres. De là, Tourville fit voile vers la Sardaigne. Il rencontra dans ces parages deux navires algériens, chacun de soixante-trois pièces de canon; il les attaqua, et les contraignit de s'échouer sur la côte méridionale de cette île, non loin de celle de

Vaca ; il prit cent quatre-vingts musulmans, délivra quarante-six chrétiens presque tous français, et ne rentra à Toulon que parce que le mauvais temps ne lui permettait plus de tenir la mer.

EXPLOITS DE TOURVILLE CONTRE LES HOLLANDAIS ET LES ESPAGNOLS.

Tourville, d'après l'ordre de Louis XIV, partit de Brest pour croiser dans la Manche et y faire quelques prises sur les Hollandais, alors en guerre avec la France ; il devait ensuite aller joindre le maréchal d'Estrées, chargé de châtier les Algériens.

Peu de jours après avoir mis à la voile, Tourville aperçut deux vaisseaux hollandais ; il les joignit ; les ayant combattus avec opiniâtreté, il les obligea de se rendre, et les trouva chargés pour plus de six millions de marchandises. Ayant détaché deux navires de son escadre pour conduire en France cette prise, il se dirigeait vers Alger, lorsqu'il rencontra deux bâtiments espagnols, revenant de Naples sous la conduite du vice-amiral Papachin. Notre amiral lui envoya une tartane pour lui demander le salut. L'Espagnol ayant répondu fièrement qu'il n'avait pas d'ordre pour cela, et qu'on s'éloignât promptement, la tartane en avertit Tourville, qui vint sur-le-champ, à la portée du pistolet, lancer sa bordée à Papachin. Celui-ci riposta bravement, et le combat s'engagea avec fureur. Mais le chevalier de Château-Regnaud et le comte d'Estrées, chacun à la tête d'un vaisseau français, réunirent leurs efforts à ceux de Tourville, démâtèrent et percèrent à jour le vaisseau de

Papachin, lui enlevèrent celui qui l'accompagnait, l'obligèrent à saluer de neuf coups de canon le pavillon français et le quittèrent après l'avoir salué de même.

JEAN BART PRIS ET DÉLIVRÉ.

Depuis 1678 qu'il appartenait à la marine royale, Jean Bart s'était de nouveau signalé. En 1683, il avait rencontré un vaisseau espagnol et s'en était rendu maître, malgré les trois cent cinquante soldats qui le défendaient. La même année, il avait attaqué, à la hauteur de Cadix, deux voiles espagnoles; et, quoique blessé à la cuisse; il était parvenu à s'en emparer. Toutefois, la fortune, qui jusqu'alors l'avait traité avec tant de faveur, l'abandonna tout d'un coup; mais en le privant du succès, elle ne put lui dérober l'honneur d'une défaite glorieuse.

En 1689, le chevalier de Forbin et lui, chacun avec une frégate, escortaient vingt bâtiments marchands, lorsqu'au milieu de la Manche, ils rencontrèrent deux vaisseaux de guerre anglais, portant chacun cinquante canons. Vainement Forbin conseille-t-il de céder à des forces si supérieures; Jean Bart s'indigne d'une telle pensée, il arme trois des navires marchands qui l'accompagnent, et leur ordonne d'assaillir un des vaisseaux ennemis, tandis que Forbin et lui tiendront tête à l'autre. A peine a-t-il fait ses préparatifs, que les Anglais arrivent et que le combat commence. Jean Bart veut tenter l'abordage, mais le vent cesse, son mât s'embarrasse dans les haubans

TOURVILLE.

Page 212.

Avec 40 de mes Vaiſseaux, vous en avez battu 80 de mes ennemis.

de l'ennemi. Secouru par le chevalier de Forbin, il se dégage, et, secondé par ce marin, il livre au navire anglais une si terrible attaque, qu'il est au moment de s'en emparer. Mais, abandonné par les trois vaisseaux marchands, le second bâtiment ennemi arrive sur les deux français, et le combat recommence avec un acharnement sans exemple. Jean Bart et Forbin, pour donner à la flotte marchande le temps de regagner un de nos ports, déploient une constance et une valeur au-dessus de tout éloge, jusqu'à ce que se voyant couverts de blessures, n'ayant plus autour d'eux que la moindre partie de leurs équipages, et ne montant plus que des vaisseaux rasés, nos deux intrépides marins sont réduits à se rendre, mais après avoir fait essuyer aux Anglais une perte immense en officiers, en soldats et en matelots. Bientôt on les conduits à Plymouth ; Forbin est dépouillé de ses habits ; Jean Bart, qui sait l'anglais, conserve les siens ; le gouverneur les fait souper avec lui, et conduire ensuite dans une chambre d'auberge, dont les fenêtres sont grillées et la porte gardée avec soin.

Quelque désir qu'eussent nos deux braves marins de recouvrer leur liberté, ils auraient vainement essayé d'y réussir sans un matelot ostendais, qui, parent de Jean Bart et conduisant un petit navire de sa nation, fut contraint par une tempête de relâcher à Plymouth.

Ce matelot, instruit de la captivité de son parent, alla le voir, et se laissa gagner par l'appât d'une assez grosse somme que nos deux marins lui promirent pour qu'il les aidât à s'évader. Un médecin français qui les soignait et deux mousses qui étaient à leur service, entrèrent dans leur projet d'évasion. Le matelot leur apporta une lime pour débarrasser leur fenêtre de ses barreaux ; les deux mousses, ayant rencontré un matelot ivre, le portèrent dans un canot qui ne lui appartenait pas, après l'avoir ôté du sien, où il s'était endormi, et qu'ils cachèrent pour qu'il servît à Forbin et à Jean Bart. Ces deux valeureux marins, à l'aide de la lime et de leurs draps, s'ouvrirent aisément une route à travers leur fenêtre ; d'après les renseignements des mousses, ils arrivèrent sans peine au canot, ils s'y embarquèrent, ils y trouvèrent les vivres qu'y avait portés le matelot d'Ostende, prévenu par le chirurgien ; ils traversèrent hardiment le port ; et, quand plusieurs navires leur crièrent : « Où va le canot ? » Jean Bart répondait en anglais « pêcheur ! » et poursuivait son chemin sans se déconcerter. Tant d'adresse et de présence d'esprit, favorisées encore par un épais brouillard, assurèrent l'évasion de nos deux prisonniers, qui, après avoir employé deux jours et demi à traverser la Manche, arrivèrent à Saint-Malo, où l'argent qui leur était nécessaire leur fut offert par plusieurs commerçants.

Peu de temps après, Jean Bart et Forbin furent élevés au grade de capitaines de vaisseau et reçurent une gratification de quatre cents écus.

HÉROÏQUE FERMETÉ DE JEAN BART.

Jean Bart se trouvait à Berghen en Norwège, où il avait relâché pour approvisionner ses navires, lorsqu'il fut accosté dans un lieu public par un capitaine de vaisseau anglais, qui, après s'être quelque temps entretenu avec notre héros, lui déclara qu'il avait l'intention de le combattre. Jean Bart lui répondit qu'un tel dessein ne serait ni bien long ni bien difficile à exécuter, et promit à son interlocuteur de le prévenir quand serait arrivé le moment de son départ.

Peu de jours après, notre marin, ayant achevé tous ses préparatifs, annonce au capitaine anglais qu'il appareillera le lendemain. Celui-ci l'invite à déjeuner pour ce jour-là; Jean Bart refuse d'abord : « *Quand deux ennemis comme nous se rencontrent*, lui répond-il, *les seuls repas qu'ils aient à s'offrir sont des coups de sabre ou de canon.* » Cependant l'Anglais insiste, et Jean Bart finit par accepter. Le lendemain étant venu, l'intrépide Dunkerquois se rend sur le bord de son ennemi, il y fume une pipe, il y boit un verre d'eau-de-vie; puis, s'adressant à l'Anglais : « *Partons*, lui dit-il. — *Vous êtes mon prisonnier*, lui réplique alors son hôte, *j'ai promis de vous conduire en Angleterre.* » Jean Bart ne lui répond d'abord que par un regard foudroyant; il allume sa mèche, renverse tout ce qui l'entoure, s'écrie : *A moi*! s'élance sur le tillac, s'approche d'un baril de poudre, et là : *Non*, dit-il à son lâche adversaire, *non je ne serai pas ton prisonnier, et le vaisseau va sauter*. Son geste, sa voix, son accent font frémir les Anglais et les rendent immobile; les Français, qui ont entendu leur capitaine, arrivent en ce moment, taillent en pièces une partie de l'équipage ennemi, s'emparent du vaisseau et l'emmènent à Brest, avec celui qui le commandait.

JEAN BART A VERSAILLES.

Jean Bart, que l'intendant de Dunkerque avait inculpé près de M. de Pontchartrain, ministre de la marine, se rendit à Versailles pour se justifier. Louis XIV, qui n'était indifférent pour aucun des grands hommes de son siècle, voulut que ce brave marin lui fût présenté. Celui-ci, s'étant rendu à la cour avant que le monarque fût visible, s'arrêta dans l'antichambre, battit son briquet, alluma sa pipe, et se mit à fumer. Vainement les gardes-du-corps veulent qu'il cesse ou se retire : — *C'est au service du roi que j'ai contracté cette habitude : elle est devenue un besoin pour moi, et Sa Majesté est trop juste pour trouver mauvais que j'y satisfasse ;* telle est la réponse de notre héros, et il continue de fumer. Comme il est inconnu à la cour, on va prévenir Louis XIV. — *Je parie que c'est Jean Bart*, dit ce prince ; *qu'on le laisse fumer.* Quand ce monarque le vit entrer : — *Jean Bart*, lui dit-il, *il n'est permis qu'à vous de fumer chez moi.* Un tel accueil, un tel nom fixèrent l'attention des courtisans, qui, s'étant ensuite rassemblés autour du valeureux marin, lui demandèrent comment il s'y était pris pour traverser la flotte anglaise qui bloquait le port de Dunkerque. — *Le voici*, leur répond-il ; et, les ayant placés sur une seule ligne, il fond sur eux rapidement, les écarte à coups de poing et de coude, et passe fièrement au milieu d'eux.

Instruit de cette petite scène, Louis XIV fait revenir Jean Bart et lui adresse la même question. Le marin y satisfait d'un ton et avec des termes beaucoup plus en rapport avec sa profession qu'avec le séjour où il se trouvait. Loin d'en paraître offensé, le monarque ne dit que ces paroles : — *Il me parle un peu grossièrement, mais il en agit bien noblement pour mon service.* Puis jetant un regard sur ceux qui l'environnaient : — *En est-il un seul parmi vous*, ajouta-t-il, *qui soit capable de faire ce qu'il a fait ?*

Peu après, Jean Bart reçut du Roi une rescription de trois mille francs à prendre chez Pierre Gruin, rue du Grand-Chantier, à Paris. Parvenu à la maison de ce payeur : — *N'est-ce pas ici que demeure Pierre Gruin ?* demanda-t-il au portier. — *C'est ici*, lui est-il répondu, *que demeure M. Gruin.* A ces mots, Jean Bart monte rapidement l'escalier, ouvre la première porte qu'il rencontre, entre dans une salle à manger, et s'adressant à ceux qu'il y trouve à table : — *Lequel de vous*, demande-t-il, *se nomme Pierre Gruin ?* — *C'est moi qui suis M. Gruin.* — *Lisez ce papier*, réplique Jean Bart. Le payeur prend la rescription, il y jette un coup d'œil ; et, sans daigner se retourner, élevant au-dessus de son épaule le papier qu'il laisse tomber à terre : — *Vous reviendrez dans deux jours*, répond-il négligemment. Mais Jean Bart — *Ramasse et paie tout de suite*, s'écrie-t-il en tirant son sabre. Cet ordre, le geste dont il fut accompagné, et le nom de notre héros prononcé par un des convives, décidèrent M. Gruin à acquitter sur-le-champ la rescription. Il passa donc dans son cabinet ; et, sur la demande expresse du brave Dunkerquois, il lui solda en or la somme qu'il s'était d'abord disposé à lui payer en argent.

SUITE DES EXPLOITS DE JEAN BART.

De retour à Dunkerque, Jean Bart y apprit le désastreux résultat de la bataille de la Hogue, et le blocus établi par les Anglais devant le port de Dunkerque. Indigné de rester oisif, il passe encore entre les navires ennemis, sans avoir perdu un seul des bâtiments de son escadre, qui se composait de sept frégates et d'un brûlot. Dès le lendemain, il enlève quatre vaisseaux anglais ; peu de jours après, il fait éprouver le même sort à une partie d'une flotte anglaise composée de quatre-vingt-six bâtiments. Ensuite il va en Angleterre, descend du côté de Newcastle, brûle cinq cents maisons, et revient à Dunkerque avec des prises estiméescinq cent mille écus. Il repart bientôt après, rencontre dix-huit vaisseaux marchands hollandais, escortés par trois frégates ; il met en fuite deux de ces dernières, en prend une, et capture aussi les dix-huit vaisseaux marchands. Cinq vaisseaux anglais, dont l'un était monté par le prince d'Orange, se trouvèrent également sur la route de Jean Bart, et ne lui auraient pas échappé, si le prince ne lui eût caché sa présence et n'eût pris soin d'ôter son pavillon.

DERNIERS EXPLOITS DE TOURVILLE.

Les pertes essuyées par la marine française à la

bataille de la Hogue, n'avaient pu flétrir les lauriers de l'héroïque Tourville. Personne n'ignorait que cet habile amiral avait, pendant un jour entier, lutté contre les Anglais qui lui étaient bien supérieurs en nombre; qu'il leur avait fait éprouver des dommages plus grands que ceux dont il avait souffert, et que les désastres que nous avions à déplorer, n'ayant eu lieu qu'après la bataille, ne devaient être imputés qu'à l'inconstance des vents. C'est ce que reconnurent le duc de Vendôme et Louis XIV lui-même. Le premier adressa à ce sujet ces belles paroles à Tourville : — *Bien des généraux remportant la victoire n'ont pas acquis tant de gloire que vous en la perdant.* Le second, informé du résultat de cette bataille, demanda aussitôt : — *Tourville est-il sauvé?* puis il ajouta : — *On peut trouver des vaisseaux; mais on ne trouve pas aisément des hommes tels que lui.* Enfin, quand Tourville se présenta à la cour : — *Comte*, lui dit le monarque, *j'ai eu plus de joie d'apprendre qu'avec quarante de mes vaisseaux, vous en avez battu quatre-vingts de mes ennemis pendant un jour entier, que je ne me sens de chagrin de la perte que j'ai faite.* Ensuite, pour le consoler de son malheur, ce grand roi le créa maréchal de France.

Mais tant de suffrages ne purent apaiser, dans le cœur de notre héros, le regret que lui causaient les suites désastreuses de cette journée, et il se hâta de les venger, aussitôt qu'en 1693 il se vit à la tête d'une flotte nouvelle. Parti de Brest le 26 mai, il rencontra, non loin du détroit de Gibraltar, une flotte ennemie, composée d'un nombre considérable de vaisseaux marchands, qu'escortaient vingt-sept vaisseaux de guerre. Tourville l'attaqua, brûla quarante-cinq navires et en prit vingt-sept. Jean Bart, qui faisait partie de cette expédition, captura ou détruisit six de ces bâtiments. Cependant, le chevalier de Coëtlogon entra dans le vieux Gibraltar et y brûla ou coula à fond cinq vaisseaux anglais portant depuis trente-six jusqu'à cinquante canons. Il en prit neuf autres qui étaient chargés de vivres. Après ce fait d'arme qui coûta aux ennemis une perte de vingt millions, Tourville, malgré l'opposition des Espagnols, alla brûler dans la rade de Malaga plusieurs navires parmi lesquels il s'en trouvait deux anglais, trois de Flessingue, une frégate turque qu'ils avaient capturée, et plusieurs bâtiments espagnols.

Des infirmités, résultant de ses longues et nombreuses fatigues, forcèrent bientôt Tourville de renoncer à la mer, et ne lui permirent plus de se rendre utile à son roi que par les innombrables exemples qu'il léguait à l'admiration et à l'imitation de nos marins.

EXPLOITS DE DUGUAY-TROUIN.

Les hauts faits par lesquels Duguay-Trouin avait marqué ses débuts dans la marine marchande, n'avaient point tardé à lui ouvrir l'entrée de la marine royale. Il continua de se distinguer par de nombreuses prises; et, en 1694, capitaine d'une frégate de quarante canons, il prit trois vaisseaux ennemis à l'entrée du détroit de Gibraltar. Mais, peu de temps après, il tomba, à la hauteur des Sorlingues, au milieu de six vaisseaux anglais. L'un d'eux l'attaque avec vigueur, Duguay-Trouin résiste avec courage; et quoique bien moins fort en artillerie que son agresseur, il le combat durant quatre heures, et serait parvenu à s'en emparer, si un autre vaisseau, de soixante-six canons, ne fût venu l'assaillir à la portée du pistolet, tandis que tous les autres le canonnaient. Une lutte si inégale glace d'effroi l'équipage de notre jeune capitaine. Abandonné de ses marins qui se sont réfugiés à fond de cale, Duguay-Trouin les en fait sortir en y lançant un grand nombre de grenades. Mais bientôt sa mâture est brisée, le feu prend à son bord, et la *Sainte-Barbe* va sauter; notre brave marin y court aussitôt, éteint le feu, revient pour combattre, et trouve son pavillon abaissé; indigné, il ordonne qu'on le relève; et, malgré l'opposition de ses officiers, il est au moment de se faire obéir, lorsque, légèrement atteint par un boulet de canon, il est renversé sans connaissance. On s'empresse de mettre à profit cet incident pour se rendre et pour abandonner aux ennemis un navire où l'on ne pouvait plus tenir,

Duguay-Trouin fut conduit à Plymouth, où l'estime que sa haute valeur avait inspirée aux Anglais, lui adoucit les ennuis d'une captivité qui ne fut que de courte durée.

CONTINUATION DES EXPLOITS DE JEAN BART.

Plus de cent bâtiments, chargés de blé pour la France, n'attendaient que la fonte des glaces pour quitter les ports du septentrion et se rendre dans les nôtres. Ce moment arrivé, ils mettent à la voile et se dirigent vers leur destination, sous l'escorte de trois navires suédois et danois. Mais le pavillon neutre de ces derniers bâtiments ne put garantir ceux qu'ils convoyaient, et qui furent rencontrés et pris par huit vaisseaux hollandais.

Cependant, Jean Bart, ignorant ce malheur, s'était mis en mer avec six navires, pour aller chercher et amener en France les cent voiles qui venaient d'être capturées. Bientôt il les aperçoit sous la conduite des ennemis ; et, malgré son infériorité numérique, il se décide à attaquer ces derniers. S'adressant donc à ses officiers : « *Il faut avancer et combattre*, leur dit-il, *l'intérêt de la France l'ordonne.* » Arrivé à portée de l'artillerie hollandaise : « *Camarades*, dit-il encore à ses marins, *point de canons*, *point de fusils*, *seulement des coups de pistolet et de sabre. Je vais attaquer le contre-amiral, et je vous en rendrai bon compte.* » Il dit, et ses actions répondent aussitôt à ses paroles ; il saute le premier dans le vaisseau du contre-armiral, tue cet officier et se rend maître de son navire. Deux des autres bâtiments ennemis sont également capturés, les cinq qui restaient prennent la fuite, et nos cent voiles marchandes, recouvrées par Jean Bart, sont conduites par lui en France, où elles parviennent sans accident.

La disette, qui régnait alors dans notre patrie, fit vivement apprécier la grandeur du service que venait de lui rendre notre intrépide marin. Une médaille fut frappée pour en immortaliser la mémoire, et Louis XIV crut ne pouvoir témoigner sa satisfaction à notre héros, qu'en lui accordant des lettres de noblesse.

AMOUR FRATERNEL ET NOUVEAUX EXPLOITS DE DUGUAY-TROUIN.

Les cœurs les plus courageux sont presque toujours les plus sensibles : la vie de Duguay-Trouin nous en offre un illustre exemple.

Ce brave marin, parti pour croiser sur les côtes d'Espagne, était suivi par une frégate de cinquante canons qu'il avait fait équiper, et dont il avait donné le commandement à l'un de ses frères. Celui-ci, se laissant emporter à l'impétuosité de sa valeur, dans une descente près de Vigo, fut atteint d'une blessure mortelle.

A cette nouvelle, Duguay-Trouin, poussé à la fureur par son désespoir, fond sur les ennemis et les taille en pièces; légitime, mais inutile vengeance! puisqu'elle n'empêcha pas que le blessé n'expirât peu de jours après.

Le cuisant regret que ce deplorable événement inspira à notre brave marin, le plongea six mois entiers dans la plus sombre mélancolie; sans cesse était présente à ses yeux l'image de son frère mourant; et ce spectacle affreux semblait lui avoir fait abjurer toute prétention à la gloire. Pour en ranimer l'amour dans son cœur glacé par le chagrin, il fallait une occasion, et enfin elle se présenta. La flotte de Bilbao était en route; on offrit à Dugay-Trouin le commandement de trois navires pour l'aller attaquer. Cette proposition le séduisit, il l'accepta, mit à la voile, et rencontra la flotte qu'escortaient trois vaisseaux de guerre. Il engage aussitôt contre ces derniers un combat terrible et tel qu'il n'en soutint jamais de pareil. Après une opiniâtre résistance, les ennemis, dont tous les officiers étaient ou blessés ou morts, amenèrent leur pavillon, et une partie de la flotte fut capturée. Dugay-Trouin acheta cette victoire par la perte de trois de ses parents et de la moitié de son équipage. Toutefois, alliant la générosité à la valeur, il se fit un plaisir de présenter lui-même à Louis XIV le baron de Wassenaer, commandant de l'escorte qui lui avait si vigoureusement résisté.

DERNIÈRES ANNÉES DE JEAN BART.

Les années 1696 et 1697 furent encore illustrées par deux entreprises de Jean Bart. Le 18 mai 1696, il part de Dunkerque malgré vingt-deux vaisseaux anglais qui bloquaient ce port; il est joint par quelques courageux armateurs dunkerquois; il rencontre une flotte marchande de bâtiments hollandais, qu'escortaient cinq vaisseaux de guerre; il attaque et prend ces derniers, tandis que les armateurs qui l'accompagnent, enlèvent quarante-cinq navires marchands. Peu après, poursuivi par douze vaisseaux de guerre hollandais, et contraint de brûler ses prises, il réussit néanmoins à ramener à Dunkerque un des vaisseaux de guerre et quinze des bâtiments marchands qu'il avait capturés.

L'année suivante, il fut nommé chef d'escadre, et partit avec sept vaisseaux de guerre pour conduire en Pologne le prince de Conti, qui prétendait à cette couronne. Après avoir passé devant Ostende, il rencontre dix-neuf vaisseaux ennemis qui s'étaient placés là pour l'attaquer, mais auxquels il échappa à la faveur de la nuit; au point du jour, il en rencontra deux, et puis neuf autres entre la Meuse et la Tamise. Aucun d'eux n'ayant osé l'attaquer, Jean Bart continua fièrement sa route. Le prince de Conti, qui s'était aperçu de ce péril, s'adressant à notre marin, quand il n'y eut plus rien à craindre : — *Si les ennemis*, lui dit-il, *nous avaient attaqués, ils auraient pu nous prendre.* — *Cela était impossible*, répondit Jean Bart. — *Comment auriez-vous fait?* demanda le prince. — *Plutôt que de me rendre, j'aurais fait mettre le feu au vaisseau : nous aurions sauté en l'air, et ils ne nous auraient pas pris : mon fils avait ordre de se tenir à la Sainte-Barbe, tout prêt à y mettre le feu au premier signal.* — *Le remède est pire que le mal*, lui répliqua vivement le prince de Conti, *je vous défends d'en faire usage tant que je serai sur votre vaisseau...*

AUDACIEUSE ENTREPRISE DU COMTE DE FORBIN.

Pendant la guerre qui, en 1702, éclata entre la France et l'Empire, Louis XIV envoya des troupes dans le Milanais pour combattre contre le prince Eugène, et il ordonna au comte de Forbin d'aller, avec une frégate de seize canons, croiser dans le golfe Adriatique pour empêcher différentes villes d'Italie de secourir l'armée impériale. Profitant de leur neutralité, les Vénitiens rendaient cette croisière illusoire. Forbin s'en aperçut, il s'en plaignit, mais en vain; la république persévérait dans sa conduite et avait même vu, sans faire de réclamation, son territoire ensanglanté par le massacre de plusieurs soldats que les impériaux avaient immolés. Forbin, poussé à bout, prit d'abord le parti d'arrêter les navires vénitiens et de jeter à la mer les provisions qu'ils portaient aux ennemis. Cette mesure n'ayant opéré aucun changement, il se mit à brûler ces navires eux-mêmes. Mais bientôt il fut informé que l'ambassadeur de Léopold Ier faisait équiper, dans le port de Venise, un vaisseau anglais. Forbin se détermine à l'aller brûler. Il part donc, pendant la nuit, avec deux chaloupes montées par cinquante hommes d'une valeur éprouvée, et il ne tarde point à pénétrer dans le port. Là, il aperçoit dans une barque deux hommes qui pêchaient. Par un Italien qui se trouve dans sa troupe, il leur dit qu'il est de l'escorte du navire anglais; il s'enquiert de l'endroit où on l'a placé, et, l'ayant appris, il ajoute que lui et ceux qui l'accompagnent, viennent d'être dépouillés par les Français. « *Ah! le chien de comte de Forbin!* » s'écrient alors les pêcheurs; et Forbin de poursuivre sa route, comme si de rien n'était. Bientôt, il distingue le vaisseau ennemi; il le reconnaît au lion doré qui en surmonte la poupe; il approche; les sabords de la *Sainte-Barbe* sont ouverts; Forbin le remarque et y fait entrer son maître nocher avec deux soldats. Ceux-ci massacrent d'abord cinq ou six matelots qui, à demi-endormis, se présentent à eux. Tout à coup, *tue!*

tue ! s'écrie Forbin qui déjà est monté à bord, et qui, suivi de ses soldats, s'élance sur les ennemis accourus sans armes et en chemise. Vainement ceux-ci tentent-ils de s'opposer à son passage, ils tombent sous les coups des Français ; Forbin s'empare de la grande chambre et des armes qu'elle renferme ; il se saisit du château d'avant, et attaque ensuite la chambre du conseil où le capitaine, son gendre et ses deux fils se défendaient avec courage. Il les force de se rendre en brisant à coups de hache la cloison qui entoure leur retraite, et en y jetant un grand nombre de grenades. Maître du vaisseau par la fuite de la plupart des matelots ennemis, qui, étant aux entre-ponts, s'étaient précipités dans la mer par les sabords, et avaient gagné la terre à la nage, Forbin fit annoncer à haute voix qu'il donnerait la vie à ceux qui se mettraient entre ses mains. Vingt-sept hommes, qui étaient à fond de cale, vinrent se livrer à lui. Il les fit descendre dans son canot, avec le capitaine, son gendre et ses deux fils ; il mit le feu à trois endroits du navire, et se rembarqua, lorsqu'il vit l'incendie sur le point de l'environner. Bientôt retentit l'explosion des canons qui étaient chargés et dont les boulets partirent de toutes parts ; enfin le feu prit à la *Sainte-Barbe*, et le navire vola en éclats avec un fracas épouvantable, qui jeta l'alarme dans le port et dans les quartiers de la ville.

NOUVEL EXEMPLE DE DÉSINTÉRESSEMENT DONNÉ PAR LE COMTE DE FORBIN.

Le comte de Forbin se trouvait à Barcelonne,

quand un corsaire de Flessingue vint y chercher un refuge contre la tempête, après avoir capturé un navire français richement chargé. Comme, en relâchant dans ce port, ce corsaire était certain d'y être retenu prisonnier de guerre avec tout son équipage, il promit au capitaine de sa prise qu'il lui rendrait la liberté ainsi que son vaisseau, à condition que ce capitaine arborerait le pavillon de France, aussitôt qu'on entrerait dans le port. Ce marché fut conclu, et il commençait même d'être exécuté, lorsque le vice-roi en fut instruit, il mit aux fers le Flessinguais et confisqua son vaisseau, dont il fit présent à Forbin pour reconnaître les services que cet intrépide marin avait rendus, dans le golfe Adriatique, à la couronne d'Espagne. Mais Forbin s'adressant au capitaine qui était présent, et auquel il avait fait signe d'approcher : « *Monsieur Jacques*, lui dit-il, *Son Excellence m'a fait présent de votre navire et de sa cargaison ; quand j'en ai sollicité la restitution, je ne prétendais pas m'enrichir. Je vous rends le tout avec la même générosité qu'on me l'a donné.* Forbin renonçait par là à cinquante mille écus.

LOUABLE FERMETÉ DU COMTE DE FORBIN.

Sur la fin de l'an 1705, Forbin, qui escortait une flotte marchande destinée pour le Levant, était arrivé à l'entrée de l'Archipel, lorsqu'il rencontra un vaisseau de soixante-dix canons et de trois cents hommes d'équipage. Il lui donna aussitôt la chasse ; et, lorsqu'il en fut assez près pour qu'il pût s'en faire entendre : — *A qui le vais-*

seau? demanda-t-il. — *A Venise.* — *Saluez le pavillon du roi.* — *Je suis dans les mers de la république, et je ne salue personne.* A cette réponse, Forbin fait ses préparatifs pour attaquer l'insolent Vénitien. Celui-ci, qui s'en aperçoit, demande le nom du capitaine français, et l'ayant appris : *Hé bien*, dit-il, *ne tirez pas, je vais saluer le comte de Forbin.* — *Prenez garde à la manière dont vous parlez*, réplique notre brave marin, *saluez le pavillon du roi, sinon je vais lâcher toute ma bordée.* Et le Vénitien salua le pavillon du Roi.

EXPLOITS DE V. M. D'ESTRÉES.

Digne fils de Jean d'Estrées, Victor-Marie d'Estrées sut se rendre digne de l'héritage de gloire que son père avait à lui transmettre, et réussit à augmenter cet héritage. Déjà célèbre par les preuves de valeur qu'il avait données aux siéges de Valenciennes, de Cambrai et de Saint-Omer, il passa des troupes de terre dans l'armée navale, servit sous son père dans l'Amérique, et sous Duquesne contre les Algériens ; partout il fit admirer son intrépidité et ses talents. Avec Tourville, il combattit Papachin, et contribua puissamment à la punition de cet Espagnol. Sur les côtes d'Irlande, il seconda encore Tourville et contribua à ses succès ; Tourville lui dut encore en partie la réussite de son expédition dans la baie de Tingmouth. En bloquant par mer la ville de Nice, que Catinat assiégeait par terre, d'Estrées força la citadelle à capituler. Le bombardement de Barcelonne et celui d'Alicante sont encore d'irrécusables monuments de son habilité, d'ailleurs suffisamment établie par une multitude d'autres exploits. Mais, parmi les plus éclatants, la bataille de Malaga mérite sans contredit d'occuper la première place.

En 1705, d'Estrées s'embarqua avec le comte de Toulouse, grand-amiral de France, sous lequel il devait commander; à la tête de vingt-trois vaisseaux seulement, il passa de l'Océan dans la Méditerranée, quoiqu'il n'ignorât pas que les Hollandais et les Anglais, qui, l'année précédente, avaient pris Gibraltar, eussent, dans cette dernière mer, plus de cinquante vaisseaux de guerre. Il arriva heureusement à Toulon, où il fut renforcé par dix-neuf vaisseaux et plusieurs galères. De là, il remit à la voile; il rencontra les ennemis, et, bien qu'ils lui fussent supérieurs en nombre et qu'ils eussent le vent sur lui, il les contraignit à la retraite, après leur avoir coulé à fond un navire de soixante-quatre bouches à feu. Telle fut la bataille de Malaga; ses résultats les plus importants furent d'empêcher l'exécution des desseins formés par les ennemis contre la Catalogne et Cadix. Le roi d'Espagne en témoigna sa reconnaissance à d'Estrées en lui envoyant l'ordre de la Toison-d'Or, son portrait enrichi de diamants, et un brevet par lequel il était nommé général des mers d'Espagne, avec des appointements considérables.

DÉSINTÉRESSEMENT DE V. M. DESTRÉES.

D'Estrées, d'après la permission que lui accorda Louis XIV, ne fit point difficulté d'accepter le titre de général des mers d'Espagne que la victoire de Malaga venait de lui acquérir; mais il refusa en même temps les appointements qui y étaient attachés, et il répondit à son souverain, qui, à ce sujet, l'accusait de trop de délicatesse :

« Sire, j'ai accepté un rang et des dignités qui influent sur le service et le bien des deux couronnes ; mais il me paraît d'une trop dangereuse conséquence qu'un sujet, comblé des grâces de son roi, lié à lui par les lois de l'honneur et par la foi des serments, reçoive de l'argent d'aucun autre prince, fût-il, comme le roi d'Espagne, le petit-fils de son maître. »

Bel et noble exemple de générosité, qui, nous n'en doutons pas, trouverait encore, parmi nos officiers, un grand nombre d'imitateurs? Par une illustre singularité qui jusqu'alors ne s'était rencontrée que dans la maison de Montmorency, Victor-Marie d'Estrées, pendant la vie de son père, qui était déjà maréchal de France, fut revêtu de la même dignité.

CONFIANCE DE LOUIS XIV DANS LE COMTE DE FORBIN.

Revenu d'une expédition où, avec cinq petits bâtiments, il avait attaqué six vaisseaux de guerre ennemis, en avait capturé un, brûlé un autre, coulé bas un troisième, et mis en déroute les trois qui restaient, Forbin se présente au ministre de la marine, et lui demande que, dans ses nouvelles entreprises, on le laisse maître d'agir à son gré. Louis XIV, à qui cette demande est soumise, est loin de s'en offenser : — *Il a raison*, dit-il, *il faut se fier à lui, et le laisser faire*. Chargé de transmettre cette réponse à Forbin : — *Monsieur*, lui dit le ministre, *il n'y a en France que M. de Turenne et vous à qui l'on ait donné carte blanche.*

Notre brave marin ne tarda point à prouver par de nouveaux exploits combien il méritait une si honorable confiance; et dix vaisseaux marchands richement chargés, qu'il enleva malgré un vaisseau de guerre et trois frégates qui leur servaient d'escorte, cent voiles hollandaises attaquées avec sept vaisseaux, et réduites à fuir après avoir vu trois d'entre elles prises ou coulées à fond, attestèrent assez hautement qu'on pouvait s'en rapporter à Forbin, quand il s'agissait d'humilier le pavillon de nos ennemis et de faire triompher celui de la France.

CONQUÊTE DE RIO-JANEIRO PAR DUGUAY-TROUIN.

Louis XIV ne se borna point envers Duguay-Trouin aux récompenses qu'il lui avait accordées en 1707; ce monarque, quelque temps après, lui donna des lettres de noblesse, et lui permit de placer dans ses armes deux fleurs de lys d'or avec cette devise :

Dedit hæc insignia virtus.

Ces preuves d'une royale satisfaction eurent l'effet qu'elles devaient avoir dans une ame grande et généreuse : elles enflammèrent de plus en plus le courage de Duguay-Trouin et le portèrent à une des plus glorieuses entreprises que jamais marin ait exécutées.

Informé que le capitaine Duclerc, repoussé de Rio-Janeiro qu'il avait attaqué avec mille hommes seulement, avait été fait prisonnier, et ensuite mis à mort, au mépris de la capitulation qu'il avait conclue, Duguay-Trouin, qu'indigne tant de perfidie, conçoit la noble pensée de venger le meurtre de ce Français. Vainement les besoins de l'État et l'épuisement des finances semblent-ils opposer à cet héroïque projet des obstacles insurmontables, tous les obstacles disparaissent devant celui dont les talents, éprouvés par de longs services, ont su se concilier la confiance universelle. Des hommes, dignes de leur grande fortune par l'élévation de leurs sentiments, s'empressent de seconder notre illustre marin ; ils se forment en compagnie, et ils équipent huit vaisseaux, quatre frégates, deux traversières et une galiote à bombes. A la tête de cette escadre, suffisamment approvisionnée de tout ce qui est nécessaire pour assiéger et pour camper, Duguay-Trouin part de la Rochelle, le 9 juin 1711 ; et arrive, le 12 septembre suivant, à la baie de Rio-Janeiro. Quatre vaisseaux de guerre et trois frégates qui sont dans le port, tentent en vain de lui en défendre l'entrée ; il les menace de l'abordage et les force d'aller s'échouer sous les batteries de la ville. Dès le lendemain, il commence à la bombarder. Elle a beau se fier à la bonté de sa position, au nombre de ses forts, à son camp retranché, à ses trois cents pièces de canons, à sa garnison de douze mille hommes ; rien ne peut la dérober à la meurtrière tempête que fait éclater sur elle le ressentiment des Français. Quand Duguay-Trouin a vu que, d'après ses ordres, l'île des Chèvres, qui est peu éloignée de la ville, a été emportée par le chevalier de Goyon, il fait descendre à terre trois mille cinq cents hommes, et les divise en trois brigades, au centre desquelles il met son artillerie. Deux hauteurs s'élèvent non loin de la place ; il poste sur l'une son avant-garde, son arrière-garde sur l'autre, et s'établit au milieu avec son corps de bataille. Après qu'il a ainsi tout disposé et qu'il a assuré ses communications avec sa flotte, il pousse des partis jusqu'à une portée de fusil de Rio-Janeiro. Les ennemis, afin de l'attirer dans leurs retranchements, le laissent ravager leurs campagnes. Parmi eux se trouvait un Normand nommé Dubocage, qui, pour gagner leur confiance, s'engagea de leur découvrir les forces des Français. Dans ce dessein, il se fait conduire dans la prison où avaient été renfermés quelques maraudeurs appartenant à Duguay-Trouin, il se donne à eux comme un des matelots de leur flotte, recueille de leur bouche tous les renseignements qu'il désire, et les communique aux Portugais. Ceux-ci envoient pendant la nuit quinze cents hommes de troupes réglées qui, appuyées par un égal nombre de soldats de milice, s'embusquent près d'une maison crénelée qu'entoure une haie vive, fermée par une barrière. C'est là que l'avant-garde française, aux ordres du chevalier de Goyon, a placé son premier poste. Au point du jour, les Portugais font passer quelques bestiaux devant la haie, d'où un sergent et quatre soldats sortent aussitôt pour les saisir. Mais les troupes embusquées tirent sur ce sergent, le tuent ainsi que deux des siens, franchissent la barrière et se dirigent vers la maison. L'officier et les cinquante hommes qui s'y trouvent, bien qu'attaqués vivement et à l'improviste, opposent une assez longue résistance pour que le chevalier de Goyon ait le temps de les secourir. Cependant, Duguay-Trouin, averti de cette alerte, envoie d'abord deux cents grenadiers par un chemin creux, fait prendre les armes à toutes ses troupes, arrive ensuite sur le champ de bataille avec l'élite de ses soldats. A son aspect, les Portugais prennent la fuite et abandonnent un grand nombre de blessés. Alors Duguay-Trouin somme le gouverneur de se rendre. Sur son refus, il fait canonner la ville par terre et par mer. En ce moment s'élève un orage : le bruit du tonnerre s'unissant au fracas de notre artillerie et paraissant y répondre, consterne le courage des assiégés et leur fait abandonner une place où ils craignent qu'un assaut général ne les livre à la fureur de leurs ennemis. Bientôt maître des forts et des retranchements, Duguay-Trouin entra en vainqueur dans Rio-Janeiro et fit enclouer tous les canons. Jaloux d'épargner à sa conquête les horreurs auxquelles sont exposées les villes prises de vive force, il défendit le pillage sous peine de mort; et, s'il ne put l'empêcher entièrement, il fit du moins rigoureusement punir ceux qui s'y étaient livrés. Pendant ce temps, le gouverneur de la ville et le commandant de la flotte portugaise, retranchés à une lieue de Rio-Janeiro, attendaient patiemment l'arrivée d'un secours qui devait leur être amené des mines par le général d'Albuquerque. Mais Duguay-Trouin, à qui les vivres allaient manquer, et qui ne pouvait en aller chercher au loin, envoya déclarer au gouverneur qu'il détruirait la ville de fond en comble s'il ne la rachetait par une contribution. Afin que cette menace fît plus d'impression sur lui, il ordonna à deux compagnies de grenadiers d'aller brûler toutes les maisons de campagne qu'ils trouveraient à une demi-lieue à la ronde. Ces troupes n'étaient pas plutôt sorties que les Portugais vinrent en grand nombre afin de les attaquer; mais elles furent soutenues par trois autres compagnies, et les agresseurs, après avoir essuyé une perte considérable, furent réduits à prendre la fuite. Un si mauvais succès détermina le gouverneur à offrir six cent mille crusades (un million, deux cent mille livres) pour le rachat de Rio-Janeiro. Duguay-Trouin rejeta cette offre comme insuffisante, et réitéra ses menaces. Sur ces entrefaites, Albukerque arriva suivi d'une troupe nombreuse. Le général français, qui en avait été informé par des nègres déserteurs, s'avance à la rencontre de ce nouvel adversaire. Lorsqu'il est prêt de l'atteindre, il se prépare à l'attaquer. Etonné de tant de diligence, Albukerque envoie un jésuite et deux de ses officiers proposer à Duguay-Trouin dix mille crusades de plus, cinq cents caisses de sucre, et tous les bestiaux dont il aurait besoin. Notre valeureux marin accepta, donna quinze jours pour payer la somme convenue, et prit pour ôtages douze des principaux officiers portugais. Il profita de ce délai pour vendre aux vaincus les vaisseaux qu'il leur avait pris ainsi que les marchandises gâtées, et pour charger les Jésuites de remettre à l'évêque les vases sacrés, l'argenterie et les ornements des églises, qu'il avait dérobés à la rapacité de ses soldats. Les Portugais achevèrent leur dernier paiement le 4 novembre, et Duguay-Trouin évacua la ville le même jour; pour assurer son départ, il ne rendit les forts que lorsqu'il mit à la voile. Jusqu'à la hauteur des Açores, sa navigation fut heureuse; mais, parvenu à la hauteur de ces îles, sa flotte fut accueillie par une horrible tempête qui dura deux jours. Tous ses vaisseaux furent dispersés, deux périrent, et tous les autres ne gagnèrent les ports de France, que dans le plus déplorable état. Malgré les dépenses d'un si grand armement, et le naufrage des deux navires dont l'un était chargé de plus de six cent mille francs et d'une grande quantité de marchandises, cette expédition rapporta quatre-vingt-douze pour cent aux armateurs qui en avaient fourni les fonds. Ce bénéfice, quelque considérable qu'il fût, était cependant peu de chose en comparaison de la perte qu'essuyèrent les Portugais, et qui s'éleva à vingt-cinq millions. Quant à Duguay-Trouin, la gloire dont l'environna un si éclatant triomphe fit de lui l'honneur et l'orgueil de tout ce qui portait un cœur français, et l'enthousiasme qu'excitait le récit de ses exploits ne le cédait qu'à l'enivrement que produisait sa présence.

BEAU TRAIT D'HUMANITÉ DE PLÉVILLE-LE-PÉLEY.

Pléville-le-Péley était lieutenant de port à Marseille, lorsque la frégate anglaise l'*Alarme* fut jetée par la tempête dans la baie, s'affala sur la côte, et se trouvait au moment de se briser sur de nombreux écueils. Instruit de cet événement, notre brave lieutenant vole au secours des Anglais, bien que la guerre soit alors déclarée entre leur gouvernement et le nôtre. Malgré l'obscurité la plus profonde et le temps le plus affreux, il rassemble quelques marins; mais, les voyant hésiter à le seconder, il s'attache autour du corps un gros câble, il en saisit un autre qu'il fait amarrer à terre, descend, par ce moyen, du haut des rochers jusqu'au milieu des vagues de plus en plus irritées, parvient à la frégate, lui ordonne une manœuvre qu'elle exécute, et réussit ainsi à la faire entrer dans le port. Son zèle ne se borna point à ce premier service : par ses soins, le bâtiment anglais fut réparé avec promptitude; et, vingt jours après, il repartit pour l'Angleterre.

Touchée de tant de générosité, l'amirauté de Londres écrivit à Pléville une lettre de remercîment, et lui envoya le modèle de la frégate l'*Alarme*, qu'elle avait fait exécuter en argent. Plus tard, le fils de Pléville, ayant été fait prisonnier par les Anglais, fut mis en liberté sans échange, et eut même la faculté d'emmener avec lui un certain nombre de ses compagnons d'infortune.

LE BRAVE HOMME.

Parti de la Rochelle, un navire chargé de sel s'approche des jetées de Dieppe, dans la nuit du 31 août. Vainement un pilote côtier avait-il voulu se rendre sur ce bâtiment pour le diriger; le vent soufflait avec tant de force, les vagues se soulevaient avec tant de fureur, qu'après quatre tentatives infructueuses, le pilote fut obligé de renoncer à son dessein. Le brave Bousard, qui exerçait la même profession, s'appercevant d'une manœuvre qui mettait en péril le vaisseau rochelais, entreprit de le guider à l'aide du porte-voix et des signaux ; efforts inutiles! l'épaisseur des ténèbres, jointe au fracas des vents et à celui des vagues, ne lui permet aucun succès; et, en peu de temps, le vaisseau échoue à trente toises de la jetée. Aussitôt, sourd aux sollicitations de sa femme et de ses enfants, Bousard s'élance au milieu des flots, sans autre secours que celui d'une corde dont un bout lui ceint le corps, et dont l'autre est attaché à la jetée. A force de peines et de fatigues, il arrive au navire, en est repoussé par les vagues y revient encore, en est encore repoussé, et recommence ainsi vingt fois une lutte toujours superflue. Enfin il plonge avec une ardeur nouvelle, il est entraîné sous le vaisseau. Mais, au moment qu'on le croit perdu, il reparaît tenant un matelot tombé du bâtiment dans la mer, et il le transporte à terre. Dès qu'il l'a mis en sûreté, il vole au secours des autres. Malgré l'obstacle que lui opposent les débris du vaisseau naufragé, malgré les blessures dont il est couvert, il parvient à ce navire, il y monte, il y attache sa corde, il la fait saisir aux matelots, il les encourage, les instruit, les guide; il nage autour d'eux, il soutient, il porte même ceux qui se sentent défaillir, et vient à bout d'en dérober sept au trépas le plus imminent. Cependant, ses forces trahissent son courage; et, à peine arrivé dans la cabane où l'on a déposé le pavillon, il tombe sans connaissance. Les secours qu'on lui donne le rappellent à la vie; mais de nouveaux cris se font entendre, il court aussitôt vers la mer, il s'y précipite, et en revient avec un naufragé qu'il a encore sauvé, en sorte que, de dix hommes dont se composait l'équipage rochelais, deux seulement furent victimes de ce naufrage.

La belle conduite de Bousard fut d'autant plus admirée qu'elle n'était point le résultat d'une résolution passagère, mais la suite d'un dévouement journalier. Toujours inconsolable de la mort de son père, qui avait péri dans une tempête, notre brave pilote avait dès lors fait vœu de se consacrer au salut des naufragés, et il ne laissa jamais passer aucune occasion sans déployer un zèle aussi héroïque que celui dont il fit preuve dans la circonstance que nous venons de rapporter.

Informé de cette belle action, Louis XVI en récompensa l'auteur par une gratification de mille francs et par une pension de trois cents livres. Quand Boussard vint l'en remercier : *Voilà un brave homme*, dit le vertueux monarque, *et véritablement un brave homme.* »

HABILETÉ DE JOSEPH A. BRUNI D'ENTRECASTEAUX.

La guerre de 1778 venait d'éclater, lorsque M. d'Entrecasteaux obtint le commandement d'une frégate de trente-deux canons, avec laquelle on l'envoya escorter plusieurs bâtiments de commerce expédiés de Marseille pour les Echelles du Levant. Tandis qu'il s'acquittait de cette mission, d'Entrecasteaux rencontra deux corsaires, qui étaient chacun supérieurs en force à sa frégate. Malgré la difficulté de sa position, il ne perdit pas courage ; et, par l'intrépidité de sa contenance, par l'habileté de ses manœuvres, il sut couvrir son convoi, s'opposer aux attaques des ennemis, et arriver à sa destination sans avoir perdu un seul navire. Le grade de capitaine de vaisseau fut la récompense d'une si belle action.

DÉSINTÉRESSEMENT DE PLÉVILLE-LE-PÉLEY.

Durant la guerre d'Amérique, Pléville servit comme lieutenant sur le *Languedoc*, vaisseau que commandait le comte d'Estaings, dont il mérita et acquit toute la confiance. Ce général le chargea de conduire et vendre dans les ports d'Amérique les prises faites par son escadre. Pléville n'employa qu'un mois à cette opération. A son retour, M. d'Estaing décida que, pour le récompenser du zèle et de l'activité qu'il avait fait éclater, il lui serait alloué un droit de commission de deux pour cent sur le produit de la vente, qui était de quinze millons. Mais, refusant absolument une gratification aussi considérable, Pléville répondit qu'*il était satisfait du salaire que le Roi lui donnait pour le service.*

HARDIESSE DU BAILLI DE SUFFREN.

M. de Suffren montait le vaisseau le *Fantasque* et se trouvait sous le commandement du comte d'Estaing, qui lui donna ordre d'aller dans la rade de Newport brûler cinq frégates anglaises. Suffren partit avec son vaisseau et deux frégates pour s'acquitter de cette mission. Bravant l'artillerie d'un fort assez redoutable, il pénètre dans la rade, canonne les frégates anglaises, et les force de s'échouer et de se brûler sur la côte.

BELLE DÉFENSE DE M. DE LA CLOCHETTERIE.

M. de la Clochetterie n'avait sous ses ordres que la frégate la *Belle-Poule*, de vingt-six canons, et un lougre que commandait M. le comte de Rosily-Mesros, lorsque le 17 juin 1778, il s'aperçut qu'il allait tomber au milieu d'une escadre anglaise. Il évita d'abord une si funeste rencontre; mais il ne put empêcher que l'*Aréthuse*, grosse frégate ennemie, et le cutter l'*Alerte* ne se missent à sa poursuite. Toutefois, il n'est point effrayé du combat désavantageux que ces navires lui préparent, et il les attend avec intrépidité. Une manœuvre vive et habile le tire d'une position dangereuse et lui permet de soutenir pendant plusieurs heures un combat meurtrier. Pendant ce temps, M. de Rosily attaque avec son lougre le cutter anglais, l'empêche de se joindre à l'*Aréthuse*, contre laquelle M. de la Clochetterie peut par ce moyen déployer toutes ses forces. Enfin, un calme, qui survient, paralyse les efforts des ennemis, qui sont réduits à prendre la fuite, et met un terme à la défense des deux bâtiments français qui vont débarquer à quelques lieues de Brest.

Pour prix d'un fait d'armes aussi glorieux, M. de la Clochetterie obtint le grade de capitaine de vaisseau, et M. de Rosily la croix de Saint-Louis avec le commandement d'une frégate.

NOUVEAUX EXPLOITS DES MARINS FRANÇAIS SUR TERRE ET SUR MER.

Le comte d'Estaing avait été chargé de commander dans le Nouveau-Monde les forces navales que Louis XVI avait envoyées au secours des Américains insurgés contre l'Angleterre. Il avait enlevé aux Anglais l'île Caraïbe de Saint-Vincent, lorsqu'il se vit renforcé par les escadres des comtes de Grasse, de la Motte-Piquet et du marquis de Vaudreuil, lequel avait détruit les établissements anglais du Sénégal. A la tête de cette flotte, d'Estaing part pour la Grenade, il y débarque le 2 juillet, et s'en rend maître en deux jours.

Cette expédition excita un enthousiasme général parmi les Français : ce n'était à la vérité qu'un coup de main, mais un coup de main brillant, où une petite armée de quinze cents hommes, dépourvue de canons, avait forcé sept cents soldats renfermés dans un fort. Ce succès reçut un nouveau lustre par la double fonction du chef, comme amiral et comme général, par l'intrépidité avec laquelle il sauta le premier dans les retranchements ennemis, enfin par l'engagement naval qui suivit cette conquête. En effet, le jour même que d'Estaing obtenait une si heureuse réussite, l'amiral Byron, informé de l'attaque de la Grenade, avait appareillé de Sainte-Lucie, avec vingt et un vaisseaux de ligne et quatre cents hommes de débarquement. Il ne fut en vue de l'île que le 6; il y serait entré, et sa flotte y aurait couru le plus grand péril, si l'on ne se fût trop pressé d'arborer sur le fort le pavillon français. Byron reconnut son erreur assez tôt pour prévenir sa ruine, mais non pour éviter un engagement. Battu par l'amiral français, qui ne put cependant lui opposer que dix-sept navires, il eut plusieurs de ses vaisseaux désemparés, et il fit retraite à Saint-Christophe, où il se refusa à un combat nouveau, dont le comte d'Estaing vint lui offrir l'occasion.

Le soin d'escorter les bâtiments marchands fut long-temps négligé par le gouvernement français, et un préjugé, malheureusement trop répandu parmi les officiers de la marine, leur faisait trouver cette commission au-dessous de leur dignité. Cette prévention donna un nouveau mérite au zèle que marquèrent à cet égard quelques officiers distingués, et, entre ceux-ci, le brave la Motte-Piquet, dont la réputation s'est particulièrement établie sur le dévouement, le courage et l'habileté avec lesquels il sut protéger divers convois. Parmi plusieurs exploits de ce genre, on cite comme un exemple mémorable la journée du 28 décembre 1779. Le comte de la Motte était à la Martinique avec six vaisseaux délabrés, dont trois étaient en carène, lorsque les vigies signalèrent un transport de vingt-six voiles françaises, poursuivi dans le canal de Sainte-Lucie, par quatorze vaisseaux anglais, aux ordres de l'amiral Hyde-Parker. Quoique de tous ces navires *l'Annibal* seul soit prêt à mettre à la voile, la Motte-Piquet appareille sans hésiter ; il engage le combat le plus inégal, débarrasse quelques bâtiments ; et, une heure après, soutenu par les deux autres vaisseaux, qui, pour faire plus de diligence, s'étaient à peine donné le temps de recevoir la moitié de leurs équipages, il manœuvre avec tant d'art et de bonheur, qu'il sauve dix-sept navires et la frégate qui les escortait. L'amiral anglais ne put s'empêcher d'admirer hautement les grands talents de son adversaire, et de lui en adresser une lettre de félicitation.

COURAGE DU CAPITAINE TRUGUET.

Après avoir pris la Grenade et battu l'amiral Byron, le comte d'Estaing alla attaquer les Anglais à Savannah. Il leur livra un assaut terrible ; mais les ennemis, qui, la veille, avaient reçu des renforts, et que protégeaient d'inexpugnables retranchements, repoussèrent les Français avec vigueur, et les obligèrent de renoncer à leur entreprise. Dans cette déplorable circonstance, le capitaine Truguet, qui remplissait les fonctions de major de marine, se signala par une rare intrépidité. Ayant déjà gravi une partie des remparts, il fut contraint de les abandonner. Comme il se retirait, il trouva le comte d'Estaing, qui, blessé au bras et à la jambe, était hors d'état de se mouvoir. Sans perdre un moment, le brave capitaine se charge de lui, et, aidé par deux grenadiers français, il l'arrache à une captivité certaine. Mais les Anglais font pleuvoir sur cette faible escorte une grêle de balles et de mitraille, et les deux grenadiers sont tués ; Truguet ne se décourage point et parvient seul à mettre en sûreté son général.

Juste appréciateur d'une si belle action, le roi la récompensa par la croix de Saint-Louis.

BELLE CONDUITE
DU CAPITAINE LAFOSSE ET DE L'OFFICIER HUGUET.

Le capitaine Lafosse, commandant *l'Elisabeth*, vaisseau de douze canons, se rendait de France à Saint-Domingue, lorsque, dans l'est du cap Samana, il fut attaqué par un vaisseau de guerre anglais armé de dix-huit canons, et récemment parti de la Jamaïque. L'équipage de ce dernier bâtiment était frais et extrêmement nombreux, tandis que celui de *l'Elisabeth*, qui tenait la mer depuis plus de cent jours, manquait de toute espèce de rafraîchissements, et était consumé par une soif dévorante. Malgré tant de désavantages, Lafosse accepte le combat, et le soutient avec une héroïque bravoure, qu'augmente encore l'assistance de J.-B. Huguet, son capitaine en second. Cette lutte terrible durait depuis trois heures, et toujours avec le même acharnement, quand l'intrépide Huguet, qui venait de diriger une bordée, fut atteint à la partie supérieure du bras par un coup de biscaïen qui lui fit tomber son sabre. Il le ramassa aussitôt de la main gauche, et continua de commander. Aussitôt quatre hommes l'enlèvent et le portent au poste, où l'on s'aperçut qu'il perdait son sang en abondance. Mais à peine fut-il pansé qu'il remonta sur le pont, ranima le feu qui commençait à s'amortir, et n'eut besoin que de trois ou quatre bordées pour mettre les ennemis en déroute.

Cette victoire coûta cher au valeureux Huguet : privé de toute espèce de secours jusqu'à son arrivée à Saint-Domingue, il ne put recevoir les soins réclamés par sa situation que lorsque la gangrenne se fut mise à son bras, et ce ne fut qu'en le lui coupant qu'on réussit à lui sauver la vie.

VALEUR DE DUCOUÉDIC.

Ducouëdic, lieutenant de vaisseau et commandant la frégate la *Surveillante*, rencontra, à la hauteur d'Ouessant la frégate anglaise le *Québec*. Les deux navires s'attaquèrent aussitôt avec un courage enflammé par le désir d'assurer la prééminence que chacun des deux commandants attribuait à son pavillon. Mais, après le combat le plus terrible et le plus meurtrier, le capitaine anglais, hors d'état d'opposer une plus longue résistance, mit le feu à ses poudres et se fit sauter. Ducouëdic, couvert de blessures, mais vainqueur, ramena à Brest sa frégate.

Instruit des preuves de valeur que ce marin avait données, et du péril de sa situation, Louis XVI s'empressa de l'élever au grade de capitaine de vaisseau. Mais les blessures de Ducouëdic étaient trop dangereuses pour qu'il jouît long-temps de cette récompense. Informé de la mort de ce brave officier, le monarque accorda à sa veuve une pension de deux mille livres.

GLORIEUSE DÉFAITE DE L'EULALIE.

Le capitaine Augenne, commandant l'*Eulalie*, vaisseau portant vingt-deux canons et cent hommes d'équipage, fut attaqué, le 9 juin, par cinq bâtiments de guerre anglais, armés de quatorze à vingt-quatre canons. Malgré le désavantage énorme que lui donnait le nombre de ses adversaires, le capitaine français leur tint tête depuis huit heures du matin jusqu'à quatre heures du soir : à force d'habilité et de courage, il lassa leur constance, et les contraignit de se retirer.

Onze jours après, l'intrépide Augenne eut un nouvel assaut à essuyer : deux vaissaux anglais, l'*Achille* de vingt-quatre canons et de cent vingt-cinq hommes d'équipage, et la *Résolution* de dix-huit canons et de quatre-vingt-dix hommes, l'assaillirent avec fureur depuis onze heures du matin jusqu'à huit heures du soir, et furent forcés à la retraite. Toutefois, ils ne se découragèrent point ; et, le lendemain, ils recommencèrent le combat avec un acharnement tout nouveau. Le capitaine français leur résista avec autant de valeur que la veille, et prolongea sa défense depuis onze heures du matin jusqu'à quatre heures de l'après-midi. Alors survint l'*Eole*, frégate anglaise de quarante canons. A l'arrivée d'un tel surcroît d'ennemis, tout autre qu'Augenne n'eût songé qu'à amener son pavillon ; mais notre héroïque marin ne pensa au contraire qu'à mesurer la vigueur de la défense sur la violence de l'attaque, et il continua de lutter avec une incroyable intrépidité jusqu'à huit heures et demie du soir. Ce fut-là tout ce que put la valeur accablée par le nombre : la mort du brave capitaine, celle du lieutenant et d'un grand nombre d'officiers et de matelots ; les blessures dont tous les autres étaient couverts ; la destruction des manœuvres ; les voiles en lambeaux, et cinq pieds d'eau dans la cale, contraignirent l'*Eulalie* à subir une défaite, mille fois plus glorieuse pour les vaincus que pour ceux à qui l'excessive supériorité de leur nombre avait seule procuré la victoire.

VICTOIRES DU COMTE DE GUICHEN.

Au mois de janvier 1780, le comte de Guichen partit de Brest pour l'Amérique, afin d'y escorter un convoi considérable de bâtiments marchands et d'y remplacer le comte d'Estaing dans le commandement de nos escadres. Il s'était déjà fait avantageusement connaître : en 1757, chargé du commandement de l'*Atalante*, il s'était emparé de quatre corsaires et de neuf bâtiments marchands ; et, en 1778, il avait pris une part honorable au combat d'Ouessant. Dans cette nouvelle expédition, il ne se montra point au-dessous de sa renommée : de la Martinique, où il était arrivé au mois de mars, il repartit le 17 avril, à la tête de vingt-deux vaisseaux de ligne, et de cinq frégates ou cutters, portant cinq mille hommes de troupes sous les ordres de M. de Bouillé. Sous le vent de la Dominique, il rencontra la flotte anglaise commandée par l'amiral Rodney ; il l'attaqua vivement et la défit. Le 15 et le 19 mai suivants, il en vint encore aux mains avec la même flotte ; et, dans la dernière de ces deux journées, il mit en fuite les ennemis, après leur avoir coulé bas un vaisseau de soixante-quatorze canons.

BEL EXPLOIT DU COMTE DE LA MOTTE-PIQUET.

Parti de Brest, le vingt-cinq avril, pour aller croiser sur les côtes de l'Angleterre, la Motte-Piquet, à la tête de six vaisseaux et de deux frégates, donna la chasse à un convoi de trente voiles, escortées par quatre vaisseaux, et chargées de l'immense butin que les Anglais avaient enlevé de *Saint-Eustache*. A l'aspect des navires français, les quatre vaisseaux de ligne ennemis prennent la fuite, et la Motte enlève vingt-six bâtiments, les amène à Brest, et les y vend pour huit millions à des négociants *bordelais*.

BEAU TRAIT D'AUDACE DU JEUNE DÉCRÈS.

Lors de la malheureuse bataille où la flotte française, aux ordres du comte de Grasse, fut battue dans la mer des Antilles, le 13 avril 1781, plusieurs de nos vaisseaux étaient tombés au pouvoir des ennemis ; plusieurs autres se trouvaient désemparés et privés de tous leurs mâts. L'un de ces derniers allait devenir la proie des Anglais, lorsque le jeune Décrès, alors garde-marine, alla, dans un canot et sous le feu de la flotte ennemie, porter à ce navire un câble au moyen duquel il fut pris à la remorque et sauvé par une de nos frégates.

BRILLANTE VALEUR D'YVES-FRANÇOIS LESCAN.

Le comte de Guichen escortait avec son escadre un nombreux convoi. Le capitaine de frégate, Lescan, qui commandait sous ses ordres un bâtiment de guerre, s'aperçut que, favorisés par une brume épaisse, les ennemis allaient s'emparer d'une partie des navires qu'escortait son général. Il vole aussitôt à leur secours, il s'élance à travers les vaisseaux anglais, il fait jouer toute son artillerie; et, bien que foudroyé par la mousqueterie et les boulets de ses adversaires, il leur résista avec une si grande énergie et une telle persévérance, que l'escadre française a le temps de se réunir, et qu'elle le dégage au moment où il va couler à fond. Durant ce mémorable combat, il fut bravement secondé par son fils, qui, à peine à sa seizième année, se montra le digne émule d'un si valeureux père. Le roi récompensa le dévouement généreux d'Yves-François Lescan, par la croix de Saint-Louis et par le grade de capitaine de brûlot, et nomma le fils de ce brave marin, lieutenant auxiliaire de frégate.

EXPLOITS DU COMTE DE GRASSE.

Le 24 mars 1781, le comte de Grasse appareilla de Brest pour conduire aux Antilles un convoi qu'il escortait avec vingt-un vaisseaux de ligne. Il dirigea sa flotte avec une si constante habileté, qu'au bout de trente jours il parvint en vue du Fort-Royal de la Martinique. Là, il est attaqué par l'amiral anglais Hood, qui l'attendait pour lui enlever son convoi. Mais le comte de Grasse s'attache d'abord à mettre en sûreté les vaisseaux qu'il escorte, et ensuite fait face aux Anglais. Ceux-ci, repoussés par notre escadre, feignent de prendre la fuite, et, quand ils s'aperçoivent que nos navires ne gardent plus aussi bien leurs rangs, ils fondent sur eux à l'improviste. Le comte de Grasse, qui, en ce moment, n'a plus rien à craindre pour son convoi, a la prudence de ne point prolonger un combat superflu, et, rentre sur-le-champ à la Martinique.

Il en repart bientôt après, il attaque Tabago, il y assiége le fort de la Concorde, il repousse huit vaisseaux anglais venus pour en secourir la garnison, et il se rend enfin maître de cette île. De là il fait voile pour Saint-Domingue, puis pour la Havane, d'où il appareille pour la baie de Chésapeack. Attaqué dans ces parages par les amiraux anglais Graves et Hood, il les repousse après un terrible engagement, pendant lequel il leur a enlevé deux frégates.

HÉROÏQUE INTRÉPIDITÉ DU COMTE VILLARET DE JOYEUSE.

Villaret de Joyeuse s'était déjà fait distinguer par son courage, lorsque le bailli de Suffren le chargea d'aller annoncer l'arrivée d'une nombreuse escadre anglaise à M. de Peinier, qui, avec des forces bien inférieures, avait été chargé de nettoyer la rade de Madras. Cette commission était périlleuse : on ne pouvait parvenir à l'officier qu'il s'agissait d'avertir, qu'en passant à travers la croisière ennemie; aussi le bailli de Suffren donnant ses ordres à Villaret : « Je vous ai choisi, dit-il, parce que j'ai besoin d'un homme de tête; faites tout ce que vous pourrez pour remplir votre mission, je vous donne carte blanche. Vous serez chassé en allant ou en revenant ; vous serez probablement pris; mais vous vous battrez bien; c'est ce que je veux. » Muni de ces instructions, Villaret part sur son vaisseau : ce n'était qu'une corvette de dix-huit canons. Arrivé près de Madras, il est chassé par le *Sceptre*, vaisseau de ligne anglais de soixante quatre canons. Bien qu'il ne l'ignore pas, il fait monter sur le pont tout son équipage, et lui adressant la parole : « Ce n'est, dit-il qu'un bâtiment armé par la compagnie des Indes. Des braves comme vous ne se laisseront pas prendre par un marchand. » Cette courte harangue fait sur tous les esprits l'effet qu'il en a attendu ; il en profite et, lorsqu'il se voit assez près de la côte pour être vu par M. Peinier et pour pouvoir l'avertir, il lâche sa bordée à l'ennemi. Malgré la faiblesse de sa corvette, malgré la supériorité immense du navire anglais, Villaret combat durant trois heures, et à une si petite distance du *Sceptre*, qu'il entend le commandant de ce vaisseau lui crier incessamment : « Brave jeune homme, conservez à votre roi un officier qui sait si bien défendre son pavillon ! » Cependant, les bâtiments français sont informés de la présence des ennemis et doivent leur salut à l'héroïque dévouement de notre valeureux marin. Quand il y eut huit pieds d'eau dans la cale, que les trois quarts de l'équipage eurent été tués, et que la corvette entièrement démâtée fut sur le point de couler bas Villaret consentit à se rendre. Le commodore anglais vint le recevoir à son arrivée à bord, et refusant d'accepter son épée : « Monsieur, lui dit-il, vous nous livrez une belle corvette, mais vous nous l'avez vendue bien cher. »

Les Anglais, justes envers la valeur malheureuse, s'honorèrent eux-mêmes par les égards qu'ils témoignèrent à Villaret. Le généreux dévouement de ce brave marin fut récompensé par la croix de Saint-Louis.

HUMANITÉ DE J.-F. GALAUP, COMTE DE LA PÉROUSE.

Commandant l'une des stations de l'armée française dans l'Amérique et sur le point d'aller hiverner, M. de Vaudreuil détacha de sa flotte une petite escadre sous les ordres de M. de la Pérouse. Elle était composée d'un vaisseau de ligne et de deux frégates, dont l'une était montée par le vicomte de Langle, l'ami et plus tard le compagnon des tristes destinées de son chef. Cette expédition, qui avait trois cents hommes de débarquement, sous les ordres de MM. de Rostaing et de Monneron, avait pour but de détruire les riches entrepôts de pelleteries que les Anglais possédaient dans la baie d'Hudson. Il suffit à l'habile navigateur de paraître sur ces plages désolées pour faire capituler tous les forts de la baie, et il eut moins à se défendre contre les hommes que contre les vents, les écueils et les glaces, qui, plus d'une fois, lui inspirèrent la crainte de ne pouvoir effectuer son retour, et faillirent l'obliger de renoncer à son entreprise. Arrivé au commencement d'août, il remit à la voile le 1er septembre. On estime que la ruine de ces établissements porta aux Anglais un dommage de douze millions. On remarque d'ailleurs au soulagement de l'humanité, que, dans l'embrasement général auquel furent dévoués ces riches magasins, le généreux Français épargna ceux qui contenaient des vivres, afin que les infortunés, que la crainte avait fait fuir dans les bois à son approche, pussent trouver encore des moyens d'exister après son départ.

COURAGE DE LA TOUCHE TREVILLE.

A la tête des deux frégates l'*Aigle* et la *Gloire*, la Touche-Tréville allait en Amérique s'acquitter d'une importante mission, lorsque, pendant la nuit et dans les eaux de la Delaware, il rencontra l'*Hector*, vaisseau anglais de soixante-quatorze canons ; il l'attaqua vigoureusement, et le laissa dans un tel état de détresse, que, peu de jours après, ce navire coula à fond. Pour punir de ce succès le brave la Touche, le commodore anglais Elphinston, avec une escadre nombreuse, se met aussitôt à sa poursuite, et le joint avant que ses navires soient réparés. Déjà la frégate l'*Aigle*, échouée sur un banc de sable, soit par la perfidie, soit par la maladresse du pilote, est devenue la proie des Anglais. Mais le capitaine français ne s'effraie point de ce revers, et, répondant par le feu de son artillerie à celui de tous les vaisseaux ennemis, il se procure ainsi la faculté de mettre à terre ses dépêches, une somme considérable, les officiers généraux qu'il avait à bord et une grande partie de ses équipages.

FERMETÉ DU COMTE VILLARET DE JOYEUSE.

Arrivé à Batavia, où il était envoyé pour régler avec la compagnie Hollandaise des intérêts d'une haute importance, Villaret salua la place et ne vit pas sans surprise que son salut ne lui était pas rendu. Aussitôt, il profite de la nuit pour s'embosser et il fait signifier que si, le jour suivant, il ne reçoit de l'artillerie hollandaise les honneurs qu'il a droit d'exiger, il fera tonner la sienne contre la ville jusqu'à ce qu'il l'ait entièrement détruite. Cette menace eut tout le résultat qu'en avait espéré le capitaine français; et, dès le lever du jour, il fut salué par autant de coups de canon qu'il en avait tiré à son arrivée.

Ce fut avec la même fermeté que Villaret conduisit les négociations qui lui étaient confiées et il réussit à obtenir qu'on fit droit à ses demandes.

VOYAGES ET NAVIGATIONS DU CAPITAINE TRUGUET.

Le capitaine Truguet, ayant commandé le vaisseau qui avait porté à Constantinople M. de Choiseul-Gouffier, fut chargé par cet ambassadeur d'instruire les amiraux et officiers ottomans. Il composa pour eux deux traités qui furent traduits en turc et imprimés avec les caractères propres à cette langue. Il se rendit ensuite au Caire et, d'après l'ordre de Louis XVI, il négocia et conclut avec les beys d'Egypte et les princes arabes un traité d'après leqnel une route sûre et facile était ouverte dans l'Inde à notre commerce par Alexandrie, Suez et la mer Rouge. Dès 1788, il eût été permis à nos négociants de suivre cette voie, pour peu que l'auguste monarque, auteur de cet utile projet, eût été secondé par des ministres capables d'entrer dans ses grandes vues et d'exécuter les plans que lui suggérait son amour pour ses sujets.

Pendant la durée de ses négociations, Truguet parcourut l'Egypte, il en examina les ressources et composa sur cette contrée un mémoire que Louis XVI lut avec l'intérêt que ce prince accordait à tout ce qui touche au progrès des sciences ou à l'amélioration des hommes.

Après une longue absence, Truguet revint dans sa patrie et reçut du roi l'accueil que méritaient la persévérance et le zèle qu'il avait apportés à remplir la difficile mission dont il s'était acquitté avec tant de succès.

VOYAGE D'ÉTIENNE MARCHAND.

A son retour du Bengale, le capitaine Marchand rencontra dans la rade de Sainte-Hélène le navigateur anglais Portlock, qui rapportait dans sa patrie les fruits de son voyage, et il reçut de lui des avis excellents sur le commerce des pelleteries à la côte nord-ouest de l'Amérique. Débarqué à Marseille, le capitaine français fait part de ces renseignements à la maison Baux qui, enflammée du noble désir d'étendre le commerce et la navigation de la France, consentit à courir les risques d'une première tentative. Aussitôt, elle équipe le navire le *Solide*, du port de trois cents tonneaux; cinquante hommes d'équipage s'y embarquent, Marchand y monte avec eux en qualité de capitaine et met à la voile le 14 décembre 1790, après qu'on eut pris les précautions nécessaires à la sûreté de la route, à la santé des navigateurs, au succès des opérations commerciales et des observations scientifiques dont ils devaient s'occuper.

Le 1er avril 1791, Marchand aperçut la terre des Etats; il la doubla par l'est; et, sans prendre connaissance de la Terre de Feu, il la contourna pour gagner le parallèle du cap Horn. Parvenu à la hauteur de 60 degrès, il n'éprouva pas un froid bien rigoureux, mais il eut à essuyer continuellement de fortes raffales, de la grêle et de la neige. Le vingt avril, il était arrivé dans le grand Océan. Annoncées par une multitude de frégates, d'hirondelles de mer et d'autres oiseaux de même espèce, les îles Marquises de Mendoça se montrèrent à Marchand, dans la journée du 12 juin. Le 13, dans la matinée, il fit reconnaître par un canot l'entrée de la rade *Madré de Dios*, de l'île *Santa Christina*, appelée *Vahitaho* par ses habitants. L'aspect du vaisseau parut causer à ces sauvages un vif plaisir, et ils le témoignèrent par des cris et des chants d'allégresse; tandis que, dans une de leurs doubles pirogues, trois d'entre eux, soufflant dans une conque, accompagnaient une vingtaine de leurs compatriotes, qui les environnaient en chantant et en battant la mesure avec les mains. Bientôt, montrant d'un côté une source, de l'autre un ruisseau, apportant même de l'eau fraîche dans des calebasses, ils donnèrent à entendre qu'ils n'ignoraient pas les motifs qui amenaient les Européens dans leur baie. Plusieurs de ces insulaires, les uns à la nage, les autres en pirogues, se mirent à suivre le canot des Français ; ils reçurent de l'officier qui le commandait des grains de verre colorés, et ils lui apportèrent des cocos, des fruits à pain et du poisson, qu'on leur paya avec des clous. La retraite du canot leur causa ensuite un mécontentement qui ne s'apaisa que par la certitude de la prochaine arrivée du vaisseau dans leur baie. Comme il s'y dirigeait, une flotille de pirogues se porta à sa rencontre. Un vieillard sauvage prononça une harangue à laquelle tous ceux qui le suivaient répondirent en criant *tayo* ! *tayo* ! (amis ! amis) ! Les Français en firent autant, et leur capitaine distribua aux insulaires quelques bagatelles. Ils considérèrent surtout les miroirs avec attention et en parurent fort étonnés. Leur foule augmentant outre mesure, encombrait le tillac ; on les engagea à descendre dans leurs pirogues, et ils y consentirent sans difficulté. Au coucher du soleil, ils regagnèrent chacun leur île.

Durant le séjour de Marchand dans ces parages, ces insulaires lui donnèrent plus d'une preuve de leur penchant au vol. Ils dérobaient sur le vaisseau tout ce qu'ils pouvaient enlever ; et, sans autre secours que celui de leurs doigts, ils détachaient en un clin d'œil des morceaux de fer et de cuivre, qu'un Européen n'aurait extrait qu'à l'aide d'un instrument.

Pendant une de ses excursions dans l'intérieur de l'île, Marchand s'était fait accompagner de son domestique et de quelques indigènes qui s'étaient offerts à le guider. Dans les endroits difficiles ou glissants, ceux-ci lui donnaient le bras et le soutenaient. Mais notre navigateur ne tarda pas à s'apercevoir qu'ils cherchaient à le voler, et il revint sur ses pas. Les insulaires cessèrent de lui prêter leur secours. Marchand voulut doubler le pas et fit une chûte. Aussitôt un des sauvages lui enleva son fusil et s'enfuit à toutes jambes. Comme le capitaine le poursuivait et était au moment de l'atteindre, il fut contraint de rétrogader aux cris de son domestique, attaqué par six indigènes: A l'arrivée de Marchand, ils lâchèrent prise, mais en enlevant au domestique son chapeau et une boîte qu'il portait sous le bras. Un tel acte de brigandage fit appréhender aux insulaires la vengeance des Français. La terreur se répandit au milieu de ces peuplades, qui ne se rassurèrent qu'après bien des témoignages d'amitié et qui s'empressèrent de restituer les objets dérobés.

Peu de temps après, un accident involontaire eut lieu, et la paix faillit encore être troublée. L'espingole d'un matelot en sentinelle partit fortuitement, et la balle atteignit au bras un jeune homme, au milieu d'un groupe de sauvages. Ceux-ci, loin de chercher à se venger, ne témoignèrent que de l'effroi. Plusieurs d'entr'eux, des rameaux verts à la main, s'avancèrent vers le second capitaine Chanal, et s'écriaient tristement : *Tayo! Tayo!* Aux signes par lesquels on cherchait à leur persuader que ce malheur était l'effet du hasard, ils ne repondaient qu'en s'écriant encore, *Tayo eto matté eto!* (vous êtes nos amis et vous nous tuez.) Enfin, à force de leur prodiguer des marques d'amitié de leur distribuer des présents, on calma toutes leurs alarmes, et ils continuèrent d'aider les Français à transporter leur provision d'eau sur leur navire. Ils assistèrent en silence et donnèrent la plus grande attention au pansement du jeune blessé, et se montrèrent fort reconnaissants des soins dont il fut l'objet de la part de nos navigateurs.

La première fois que Marchand descendit à terre, il fut conduit dans un enclos fermé de murs hauts de quatre ou cinq pieds, et où ne pénétrèrent avec lui qu'un petit nombre de sauvages. Là, on le fit asseoir sous un grand arbre dont le feuillage ombrageait l'enclos ; ensuite, il vit amener en sa présence un vieillard de petite taille qu'on appelait Otoouh, mot qui signifie roi ou chef, car les naturels avaient aussi donné ce nom à Marchand, dès qu'ils s'étaient aperçus que les Français le reconnaissaient pour leur commandant. Bien que ce vieillard parût fort misérable, qu'il fut tout tremblant et que nul insigne ne le désignât comme le souverain de ce canton, Marchand lui offrit des présents qu'il accepta. Après ces préliminaires, on fit placer l'Otoouh entre le commandant français et son capitaine en second, et quatre sauvages apportèrent chacun un cochon qu'ils déposèrent aux pieds de Marchand, en lui adressant une harangue. Ce navigateur les en récompensa par une distribution de clous, de miroirs, de grains de verre, et fut ensuite, avec tous les siens, reconduit sur son bord, aux cris de *tayo* ! *tayo* ! mille fois répétés ; ce qui n'empêcha pas cependant que ces prétendus amis ne lui dérobassent sa tabatière et son mouchoir. La crainte de troubler la joie de cette journée ne permit point de chercher à découvrir les auteurs de ce larcin. Toutefois, si ces insulaires étaient enclins au vol, ils paraissaient y attacher fort peu d'importance, et ne faisaient point difficulté de se parer le soir, en présence des Français, des objets qu'ils leur avaient dérobés le matin.

Le 20 juin, après midi, une brise favorable s'étant levée, Marchand disposa tout pour appareiller le lendemain. Au moment de son départ, un chef, qui lui avait rendu beaucoup de services, amena à bord un des cochons les plus gras que l'on eût encore vus et ne voulut l'échanger que contre un des chats du navire. Sa demande n'ayant pas été accueillie, il emmena son cochon. Le désir de cet insulaire ne surprendra aucun de ceux qui savent combien les rats se sont multipliés dans l'île Santa-Christina

Le jour qui suivit son départ, Marchand découvrit au nord-ouest de Santa-Christina, une île qui reçut le nom de ce navigateur. Il y mouilla dans une baie qui, d'après la réception faite aux Français par les naturels, mérita d'être appelée baie de *Bon-Accueil*. On envoya un canot reconnaître le mouillage; pendant ce temps, une pirogue qui portait trois insulaires s'approcha du navire. Un d'eux monta dans les porte-haubans ; il reçut avec inifférence les présents qu'on lui offrit et ne voulut imais entrer dans le vaisseau. Un mouvement, it par les matelots pour l'exécution d'une maœuvre, lui inspira tant de frayeur qu'il se précita dans sa pirogue et s'éloigna rapidement. Dans après midi, quelques autres sauvages s'approchèent aussi du vaisseau; d'eux d'entr'eux y montèent et manifestèrent leur étonnement par des ries. L'un fit le tour du navire; et, à la vue des cohons et des poules, il leur donna les noms dont les ppellent les Mendoçains. L'autre semblait stupide t resta constamment à la place qu'il avait prise n entrant dans le vaisseau. En échange des préents qu'ils avaient reçus, ils cédèrent leur déouille entière, consistant en deux toques de plues de coq fort sales, et un hameçon de nacre. ependant, cent cinquante naturels des deux sexes étaient rassemblés sur le rivage. Leur chef vint ur une pirogue au-devant des Français; et, en reour de leurs présents, il leur donna des cocos, du oisson et une écaille d'huître perlière parfaitement olie.

Ayant appris par les gens de son canot que le avire ne pouvait mouiller dans la baie, Marchand emit à la voile et aperçut une seconde île à neuf eues de distance dans le nord-ouest, ainsi que 'autres terres plus éloignées à l'ouest et au suduest. Avant de s'y rendre, il se transporta sur côte nord-ouest de l'île qu'il venait de quitter; y trouva deux cents naturels, qui le reçurent vec autant de cordialité que ceux de la baie de on-Accueil. Il leur distribua des clous, des mioirs, des couteaux, des grains de verre, et accepta une lance, un dard, un javelot, deux éventails de plume, et deux grandes coquilles d'huître perlière. Le capitaine français prit ensuite possession au nom de son gouvernement, de l'île dont il avait fait la découverte. Cette cérémonie se fit en attachant avec quatre clous, contre le tronc d'un arbre, une inscription contenant le nom du vaisseau, celui du capitaine et la prise de possession de l'île par les Français. Trois copies de l'inscription furent enfermées dans autant de bouteilles bouchées et cachetées. On en donna une au chef du canton, une autre à un homme d'un âge mûr, la troisième à une jeune fille, et la baie fut appelée baie de la Possession. Il ne sera peut-être pas inutile de dire ici que nos navigateurs durent le bon accueil que, dans ces deux baies, il reçurent des insulaires, à la douceur de ces sauvages, et non à la supériorité des armes européennes, car on ne tira pas un seul coup de fusil.

Marchand, ayant levé l'ancre, reconnut, du 22 au 24 juin, une grande île d'environ quinze lieues de tour, qui fut appelée île Baux, du nom des armateurs du navire, ensuite trois îlots nommés l'île Platte et les Deux frères, enfin les îles Masse et Chanal. Il donna à ce groupe le nom d'îles de la Révolution.

On pense que, jointes aux Marquises et à une autre île (Ouahouga) que notre navigateur ne visita point, elles forment l'archipel que le Taïtien Topia traça pour le capitaine Cook. Il faut cependant observer que l'archipel désigné par le Taïtien est placé au sud-ouest des îles de la Société, tandis que les îles Marquises et de la Révolution en sont au nord-est. (second voyage de Cook. Tom v).

Après ces découvertes, Marchand poursuivit sa route vers la côte nord-ouest de l'Amérique. La saison étant trop avancée pour qu'il allât aussi loin qu'il l'aurait désiré, il prit la résolution de s'arrêter au cap *Del-Engano.* Il l'aperçut le 7 du mois d'août, mais les vents contraires ne lui permirent d'entrer que le 12 dans la baie de Norfolk ou de Guadalupa, appelée aussi Tchinkitané par les naturels. Dès le 13, un commerce actif s'établit entr'eux et les Français, qui remarquèrent qu'ils arrivaient et repartaient toujours en chantant. Leur multitude, jointe à leur adresse et à leur penchant pour le vol, fit qu'on leur interdit l'accès du vaisseau; les échanges avaient lieu entre les canots des navigateurs et les pirogues des sauvages. Le marché abondait en pelleteries. Les objets d'échange les plus recherchés par ces indigènes étaient les vêtements européens. Comme on ne s'en était point pourvu pour la traite, on eut recours à ceux qu'on avait réservés aux besoins de l'équipages. Les fourrures qu'on acquérait à la place, ôtaient toute inquiétude pour le cas où l'on serait exposé aux rigueurs de l'hiver. Toutefois la quantité d'objets que les Indiens avaient obtenus des Anglais rendait les échanges fort coûteux. Aucun de ces sauvages ne concluait un marché sans exiger, en forme de pot de vin, un présent qu'ils appelaient Stok.

Dans l'après-midi, le capitaine, accompagné des matelots bien armés, descendit à terre; il fut accueilli par les Indiens d'une manière fort amicale; et, moyennant quelques bagues de métal, ils aidèrent nos marins à remplir d'eau quelques barriques. Avant de se rembarquer, Marchand proposa à un sauvage de l'emmener sur son vaisseau ; tous les autres y consentirent, mais à condition qu'un Français resterait en ôtage parmi eux.

En se quittant, on se donna mutuellement des marques d'amitié. Les Américains firent entendre que si nos navigateurs promettaient de séjourner dix jours dans la baie, ils iraient chasser, et rapporteraient plus de fourrures qu'on n'en pourrait acheter.

L'espèce de chien que nous connaissons sous le nom de chien de berger est le seul quadrupède vivant qu'on ait vu sur ces côtes. Les naturels vantent la vigilance, le courage et la fidélité de cet animal. La chair de la loutre marine, celle des animaux qu'ils tuent à la chasse, le poisson frais, fumé, ou séché, les œufs et une sorte de racine farineuse servent de nourriture à ces peuples ; l'huile de baleine est d'un fort grand usage parmi eux. Ils sont d'une stature médiocre, d'une figure dont la laideur naturelle est rendue encore plus hideuse par les couleurs qui l'enduisent et la crasse qui la couvre. En proie à tous les insectes qu'engendre la malpropreté, ces sauvages leur font une guerre continuelle, mais pour les dévorer eux-mêmes, et leurs fourrures en sont tellement infectées que ceux qui les ont acquises n'en peuvent éviter les poursuites.

Chez ces Américains, les hommes s'occupent exclusivement de la chasse, de la pêche, de l'apprêt et de la cuisson des viandes. Les femmes nettoient les peaux de leur dernière graisse, les

cousent et en composent des vêtements. Rien n'égale leur obéissance envers leurs maris; ceux-ci, à leur tour, les traitent avec les plus grands égards et ne concluent jamais de marché sans les avoir consultées. Défiants et dissimulés, ces Indiens font preuve d'une finesse et d'une intelligence qui ne sembleraient convenir qu'aux peuples les plus civilisés.

Le 21 mai, Marchand quitta la baie de Tchinkitané et cingla vers les îles de la Reine-Charlotte, où il arriva le lendemain. Dans une petite île attenante à une plus grande, il vit une plate-forme que des palissades entouraient et que soutenaient des pieux de bois. Dans cette enceinte étaient des caisses sans couvercle, qui servaient de tambour, et deux tableaux de bois, de cinq pieds de haut sur neuf de long; diverses parties du corps y étaient représentées avec des couleurs assez vives. Les habitations de la grande île ont cinquante pieds de face, sur trente-cinq de profondeur et dix ou douze d'élévation. Il en est qui ont de petites fenêtres. On trouve dans toutes un étage souterrain, qui sert de demeure pendant l'hyver. La porte a la forme d'une bouche immense et proportionnée aux dimensions du gigantesque visage dont elle fait partie. A l'entour sont des figures de différente taille, ainsi que des représentations d'animaux et de parties du corps humain. Tout ce que donnèrent à entendre les réponses d'un naturel, c'est que la figure placée en pied au haut de chaque portail est la représentation d'un chef qui fut en vénération dans le pays.

Dans cette île, les Français traitèrent avec un sauvage plein d'esprit et d'affabilité. Il commit un larcin ; on feignit de ne pas s'en apercevoir ; mais il fut si soigneusement surveillé, qu'il n'osa plus se hasarder à un vol nouveau. Il conduisit nos navigateurs dans son habitation et leur en fit les honneurs avec beaucoup d'empressement. Le fond de cette demeure était orné d'un tableau, où, parmi un grand nombre de figures, il en était une représentant un homme d'une stature gigantesque et assis à la manière de nos tailleurs.

Les Indiens de ces contrées sont doux, sociables et ne se méfient point des Européens, dont ils n'ont d'ailleurs éprouvé ni violence ni injustice. Néanmoins, ils ne concluaient aucun marché qu'avec lenteur et précaution. Prévenants et circonspects, ils comprenaient et réussissaient fort bien à se faire comprendre par signes. Ils se montrèrent fréquemment équitables, bons et obligeants, enfin, il n'en était presque pas un seul parmi eux, qui ne méritât d'être offert pour modèle aux nations civilisées.

Les Français visitèrent ensuite d'autres parties de la côte. Dans la grande île Chanal, ils découvrirent deux beaux ports qu'ils nommèrent Port-Louis et port-Chanal.

La langueur qui avait régné dans ses opérations commerciales, décida Marchand à quitter la partie septentrionale des côtes occidentales qui font partie des îles de la Reine Charlotte. Car il jugea qu'en continuant de suivre les traces des Anglais, il n'obtiendrait pas plus de succès qu'il n'en avait eu jusqu'alors. Il partit donc, le 31 août, pour Berkeley-Sound, où il parvint le 8 septembre. Mais la vue d'un vaisseau à trois mâts l'ayant convaincu qu'il y avait encore été devancé par les Européens, il résolut de les devancer à son tour dans les marchés de la Chine.

Le 5 octobre, il arriva aux îles Sandwich, où il renouvela ses provisions ; et, le 27 novembre, il jeta l'ancre devant Macao. Malheurement l'importation des fourrures venait d'être défendue dans les ports méridionaux de la Chine ; lors même que cette prohibition eût été levée assez promptement pour que notre navigateur n'eût pas trop longtemps attendu, l'abondance des pelleteries en devait atténuer la valeur ; d'après ces considérations et l'avis des correspondants de la maison Baux, Marchand remit à la voile de Macao le 6 décembre, et entra dans la rade de Toulon le 14 août 1792. Cette expédition, l'une de celles qui font le plus d'honneur à la marine marchande, n'eut pas seulement le mérite d'avoir frayé une route nouvelle au commerce français ; elle produisit encore pour la science nautique et pour la géographie, des résultats dont auraient pu s'honorer à juste titre et les marins les plus habiles et les savants les plus distingués.

BEAU DÉSINTÉRESSEMENT DE L'AMIRAL BRUEYS.

Non moins célèbre par sa valeur que les marins dont nous avons parlé jusqu'ici, l'amiral Brueys se signala par un désintéressement aussi rare que digne d'éloge. A l'époque où il commandait le brick *le Fanfaron*, il eut le malheur de gagner tout l'argent de ses officiers ; comme il les voyait très affectés de cette perte, il mit dans son chapeau leur argent et le sien; puis, leur adressant la parole : « Je suis trop honnête, leur dit-il, pour vous rendre ce que je vous ai gagné, mais je serais trop malheureux d'être plus riche que vous. » En même temps, il jeta le chapeau à la mer; et, dit un biographe, l'égalité d'humeur reparut à bord avec celle de la fortune.

COURAGE ET BONHEUR DU CHEVALIER DE CARAMAN.

Capitaine de la frégate la *Résolue*, le chevalier de Caraman convoyait des vaisseaux marchands partis de Mahé et allant sur la côte de Malabar chercher des vivres pour nos colonies, lorsqu'il fut rencontré par le commodore anglais Cornwalis, qui voulut visiter les bâtiments français. Bien que la *Résolue* ne portât que trente canons de douze livres, et que le commodore eût deux frégates armées de quarante canons de dix-huit livres, le chevalier de Caraman ne laissa pas de s'opposer à l'insolente prétention de Cornwalis, il l'attaqua hardiment; et, après un combat aussi long que meurtrier, il réussit à faire entrer dans le port les navires confiés à sa garde.

PRISE D'ONEILLE.

Chargé de seconder le général Anselme dans son entreprise sur Nice, le contre-amiral Truguet se présente devant Oneille, où il envoie, dans son canot parlementaire, son capitaine de pavil-

, du Chaila, afin d'engager cette ville à pituler. Trompé par les signaux qu'on lui fait qu'il prend pour des témoignages de bienveilce, du Chaila s'avance sans crainte, et, à ne parvenu au rivage, il est accueilli par une charge de mousqueterie qui, en le blessant luième et six autres Français, lui tue trois officiers quatre matelots. Ce n'est même pas sans peine 'il réussit à éviter un entier désastre et qu'il joint le contre-amiral. Cet officier supérieur, s'indigne cette trahison, en réclame inutilement auteurs. Alors, il dirige sur la ville le feu de a escadre, et fait taire celui d'un petit fort qui ait essayé de lui riposter. Le lendemain, il barque onze cents hommes et quelques pièces campagne. Mais les habitants d'Oneille, prévoyant la vengeance des Français et en appréhendant les suites, avaient abandonné leurs meures, qui d'abord furent pillées et incendiées suite par nos soldats.

GÉNÉREUSE ENTREPRISE DU CAPITAINE DU PETIT-THOUARS.

Déjà connu par le courage qu'il avait montré au ombat d'Ouessant, à la prise du fort Saint-Louis, n combat de la Grenade et en une multitude d'aues rencontres, du Petit-Thouars brûlait du ésir d'entreprendre un voyage de découvertes, l en sollicita l'autorisation auprès du ministre e la marine. Toutes ses démarches étant restées nfructueuses, il résolut d'exécuter à ses frais ce u'on ne voulait pas lui permettre de faire à ceux e l'État. Loin d'être effrayé du triste sort de la

Pérouse, il forme le projet d'aller à la recherc de cet illustre navigateur. Il ouvre une souscrip tion dont le produit ne suffit pas à ce qu'exige u si vaste entreprise ; pour y remédier, son frère et lui vendent tous leurs biens; et du Petit-Thoua met à la voile le 2 août 1792.

Une entreprise si noble et si belle n'eut po l'issue qu'elle méritait d'obtenir : notre génére navigateur, ayant dérobé aux horreurs de la fa quelques infortunés qui avaient été délaissés da l'île de Sel, l'une de celles du Cap-Verd, fut co traint, par une maladie qui désolait son équipag de débarquer à l'île de Fernand de Norouka. L Portugais, à qui cette île appartenait, prétextère les troubles qui régnaient alors en France, pour s'e parer du vaisseau de du Petit-Thouars et po l'envoyer à Lisbonne, où pendant long-temps fut retenu prisonnier. Ainsi semblait déjà s'att cher le malheur de la Pérouse à quiconque tent de marcher sur ses traces et de participer à la gloi qui l'avait immortalisé.

DÉSASTRES DU CAPITAINE LANDOLPHE.

Parmi les malheurs qui ont soudainement m un terme aux plus justes comme aux plus bell espérances, qui ont englouti dans un abîme d'in fortunes les plus brillantes prospérités, bien pe méritent d'être comparés à ceux dont le capitai Landolphe fut victime. Cet habile marin, dans tro voyages faits à cette partie de la Guinée appelé Côte-d'Or, avait contracté des liaisons avec les ro de Benin et d'Owhère, qui l'avaient traité avec l plus insigne faveur. Lors de son dernier voyage dans cette contrée, le roi d'Owhère avait poussé la confiance jusqu'à lui laisser emmener en France le prince Boudakan son neveu. Ce jeune homme fut présenté à Louis XVI, qui l'accueillit avec bienveillance et lui fit une pension de mille cinq cents francs par mois durant tout le temps de son séjour à Paris. Pendant que le jeune Africain travaillait dans cette capitale à acquérir des connaissances utiles et agréables, le capitaine Landolphe, qui avait profité de ses longues relâches dans les royaumes d'Owhère et de Benin pour s'instruire des avantages commerciaux offerts par ces deux pays, détermina quelques capitalistes à former une société sous le nom de compagnie d'Owhère. Louis XVI encouragea cette entreprise en accordant à la nouvelle association un privilège exclusif pendant trois ans pour commercer dans ces parages; et, afin de favoriser la première expédition, il fit don du navire le *Pérou* qui portait quatre cents tonneaux. Enfin il fut arrêté que M. Landolphe, selon le plan qu'il avait lui-même conçu, et pour lequel il avait déjà l'approbation du roi d'Owhère, irait former dans cet empire un établissement; qu'il en serait le seul directeur; qu'on lui enverrait tous les trois mois un navire de trois ou quatre cents tonneaux, ayant à bord pour deux cent mille francs de marchandises, et qu'au premier départ, il commanderait un bâtiment portant une double cargaison, avec des ouvriers, des maçons, des charpentiers, etc., et tous leurs outils. Ce fut le 17 juillet 1786 que l'entreprenant capitaine, étant monté, avec le prince Boudakan, sur le vaisseau qu'il devait à la bonté du roi, mit à la voile, suivi par deux corvettes et accompagné par cent quarante hommes qui avaient reçu d'avance trois mois d'appointements.

Il arriva au Benin le 21 novembre suivant, et ensuite à la ville d'Owhère, dont le souverain accueillit avec attendrissement son neveu et le capitaine. Celui-ci séjourna quatre jours près de ce monarque, et le combla de joie en lui offrant un ameublement en satin blanc et rouge, un lit complet en taffetas cramoisi, trois jolies glaces, un chapeau surmonté d'un plumet blanc, un manteau d'écarlate galonné en or, et une canne à pomme d'argent. Ayant reçu de ce prince une grande quantité de provisions de bouche consistant en ignames, œufs, moutons et volailles, le capitaine remonta sur la pirogue qui l'avait amené et alla rejoindre ses navires qu'il avait laissés près de l'île de Borodo, sur la rive gauche du fleuve Formose. Deux jours après son retour, il monta dans un hamac que lui avait envoyé le roi de Benin; et, porté par des nègres venus au-devant de lui suivant l'ordre de ce monarque, il se rendit d'abord chez le général en chef des troupes béniniennes. Quand on se fut fait de part et d'autre les compliments et les présents d'usage, on alla chez le roi qui reçut à merveille le capitaine et lui reprocha avec douceur d'avoir choisi, ailleurs que dans ses états, la place où devait être fondé un établissement français. M. Landolphe allégua pour excuse la mortelle influence que le climat du Benin exerce sur les personnes nées en Europe, et il acheva d'apaiser le prince nègre par des cadeaux qui furent acceptés avec grand plaisir. Au bout de trois jours, il revint à son mouillage près de l'île de Borodo. Les ingénieurs y avaient déjà établi, sur des plates-formes en planches, une batterie de huit canons. A cent toises de là, notre marin choisit un emplacement pour construire des maisons et élever un fort. Il fut aidé dans l'exécution de ce dessein par huit cents nègres que lui avait envoyés le roi d'Owhère. En peu de temps, les arbres furent coupés, les grandes herbes arrachées, les reptiles brûlés ou assommés ; sur le terrain qu'on venait de nettoyer ainsi, on bâtit un édifice d'un étage, long de cent vingt pieds, large de trente et entouré à l'extérieur d'une galerie circulaire et couverte ; par un escalier à double rampe, on arrivait d'abord dans une salle carrée de trente pieds, puis dans quatre chambres de quatorze pieds chacune. Non loin de cette demeure on en construisit huit autres pour servir d'habitation et de magasin. Une place de deux cents pieds s'étendait au milieu. On y bâtit un vaste colombier ; et, pour empêcher que les souris et les rats ne s'y introduisissent, on l'éleva sur douze piliers de bois à seize pieds au-dessus du sol. Sous ce colombier se retiraient les moutons et les cabris ; un parc servait aux porcs, des cases à la volaille, et les vaches et les chevaux couchaient sous la plate-forme de la batterie. Le fort, construit à quatre bastions et armé de trente-deux pièces d'artillerie de huit et de six, était environné d'un fossé plein d'eau, large de vingt pieds, profond de sept et communiquant à une rivière qui coulait à deux cents toises de là ; en sorte que les vaisseaux européens pouvaient envoyer de la mer jusqu'au fort leurs embarcations, sans les faire passer par le fleuve Formose, qui est très-dangereux. Pour mettre ce fort à l'abri d'un coup de main, il fut entouré, près des fossés, par des palissades en bois, hautes de dix pieds, soutenues par des croix de Saint-André, et surmontées de bandes de fer armées de lances qui, longues de quatre pouces, n'en avaient entre elles que trois d'intervalle. On avait placé vis-à-vis de la mer une grande batterie de seize canons. Sur cette partie de la côte était un banc de sable que la basse marée laissait à découvert; on y établit, avec des claies faites en bois de manglier, une espèce de labyrinthe où le poisson s'égarait et demeurait emprisonné jusqu'à ce qu'on vînt le prendre. Grâce à cette pêcherie, et à la rapide propagation des volailles et des bestiaux, qui, dans un espace de terrain défriché à trois lieues à la ronde, trouvaient une abondante nourriture, les colons se procuraient tous les vivres qui leur étaient nécessaires. Pour avoir à sa disposition une plus vaste campagne, M. Landolphe acheta du roi d'Owhère, en 1788, trente lieues de territoire au profit de la compagnie. Le contrat de cette acquisition, fait avec le consentement des Owhériens et signé par le capitaine et par le prince Boudakan, qui stipulait au nom de son oncle, est déposé dans les bureaux du ministère de la marine. Quelque temps avant cet achat, M. le comte de Flotte vint sur la frégate la *Junon* pour visiter la colonie et s'assurer que la compagnie remplissait les engagements auxquels elle s'était astreinte. Comme cet officier était malade, il ne put, comme il l'aurait désiré, se rendre au Benin et y contracter un traité d'alliance au nom de son souverain. Il y envoya deux de ses officiers, qui, accompagnés par M. Landolphe, reçurent l'accueil le plus amical, mais ne purent obtenir pour le gouvernement français la permission de fonder un établissement dans ce royaume. Durant son mouillage sur cette côte M. de Flotte fut gratuitement approvisionné par notre généreux capitaine.

Ce directeur de la colonie d'Owhère la voyait cependant réaliser et surpasser même ses espérances. Il ne put, à la vérité, conserver de relations avec la France, qu'agitaient déjà les troubles avant-coureurs de la révolution; et il fut par conséquent hors d'état de remplacer les Français qui l'avaient accompagné, et qui, à l'exception de quatre, avaient succombé à l'effet désastreux d'un climat dévorant : mais il trouva dans son industrie le moyen de remédier à un si fâcheux inconvénient : il reçut les vaisseaux étrangers naviguant dans ces parages; il achetait leurs cargaisons; il leur en fournissait de nouvelles consistant en marchandises du pays; il les leur faisait transporter dans un temps déterminé, hors des barres et en pleine rade; il leur vendait des approvisionnements de toute nature, et se procurait ainsi des bénéfices si considérables qu'ils excédèrent bientôt trente mille francs par jour.

Une si brillante situation ne tarda point à exciter la jalousie des Anglais. Ils engagèrent le roi d'Aunis, tributaire de celui de Benin à équiper un grand nombre de pirogues, qui viendraient par les rivières de l'intérieur détruire l'établissement français. Le capitaine Landolphe allait être la victime de ce complot dont il ne se doutait même pas, lorsqu'il vit arriver, sur une fort belle pirogue, Okro, général des troupes Owhériennes, qui lui demande de la poudre et des balles. Après d'inutiles tentatives pour apprendre le nom de l'ennemi contre lequel Okro doit combattre, le capitaine lui donne vingt barils de poudre, chacun de dix livres; un millier de balles, un moule pour en faire d'autres avec cent livres de plomb en barre qu'il lui remit. Le général nègre prend ces munitions et disparaît aussitôt. Huit jours après, M. Landolphe aperçoit plusieurs pirogues dont la principale portait pavillon rouge; il en voit descendre quatre vieux nègres conduits par Okro, qui les met à sa disposition en les lui présentant comme les chefs ennemis chargés par le roi d'Aunis, à l'instigation des Anglais, d'incendier l'établissement de la compagnie d'Owhère. Au lieu de faire périr les quatre prisonniers, comme il y était engagé par Okro, le magnanime capitaine les combla de présents et les renvoya sains et saufs sur une de ses deux corvettes.

Echappé à un si grand danger, il croyait n'en avoir plus à craindre; mais la perfidie et la cruauté de ses ennemis ne tardèrent pas à lui prouver son erreur. Le 30 avril 1792, à six heures du matin, il découvrit deux grands navires à trois mâts mouillés en dehors des barres. Bientôt il en vit débarquer les deux capitaines Gordon et Cokeron, qui, accompagnés du Subrécargue Potter, descendirent à l'établissement français. Après les politesses d'usage, ces messieurs firent apporter de leurs canots deux grandes caisses, d'où ils tirèrent six beaux lustres de cristal à chaînes dorées, un bureau et un secrétaire, l'un et l'autre du bois des Indes appelé magnioni; et ils offrirent ces présents au capitaine Landolphe, en reconnaissance des services rendus par lui à leurs armateurs. Quelque magnifiques que fussent ces cadeaux, ils étaient loin toutefois de l'emporter sur les services qu'ils devaient récompenser : deux exemples en donneront la preuve. Un navire qui appartenait à ces négociants avait mouillé trop près de terre à la haute marée; la nuit suivante, la mer baissa; le vaisseau chavira, et les deux seules personnes qui s'y trouvassent furent noyées. A la nouvelle de cet événement, M. Landolphe accourt et, avec l'aide de l'un de ses officiers, il relève le bâtiment; il en retire les marchandises qu'il sauve ainsi d'une entière destruction et qu'il fait sécher dans la prairie.

Plus tard, le capitaine Chapman, de Liverpool, dont l'équipage s'était révolté, mit son pavillon en berne. M. Landolphe, qui s'en aperçut, s'embarqua aussitôt dans une pirogue avec vingt-cinq hommes; courut sur le navire en faisant un feu soutenu de mousqueterie; força les mutins à fuir dans une chaloupe; les poursuivit en tirant sur leurs mâts et sur leurs voiles; les atteignit; les emmena à son établissement et les livra au capitaine Horsley, qui les avait réclamés.

D'après de tels témoignages d'obligeance, notre généreux marin ne pouvait être surpris de la libéralité des Anglais; il y fut très-sensible; et, ne voulant pas la laisser sans retour, il offrit un splendide repas à ses trois visiteurs, qui l'acceptèrent avec plaisir. Au coucher du soleil, on se leva de table, et les Anglais retournèrent chacun à son bord.

Vers deux heures du matin, M. Landolphe, que ses deux chiens éveillent par leurs cris redoublés, se lève à la hâte, sort et, non sans la plus grande surprise, aperçoit, sur la galerie de son habitation, une ligne d'hommes armés, la baïonnette au bout du fusil. Il ferme précipitamment sa porte, rentre dans son appartement et y rencontre plusieurs Anglais, qui s'étaient glissés par une porte du centre communiquant à sa chambre à coucher. En butte à la fureur de ces misérables, qui déchargent sur lui plus de vingt coups de pistolet et qui plongent leurs sabres dans son lit, il se réfugie d'abord sous le bureau qu'il a reçu d'eux quelques heures auparavant, et il déchire sa chemise dont la blancheur peut le trahir et servir à le viser dans les ténèbres ; ensuite, il s'aperçoit qu'en restant dans cette retraite, il y sera découvert tôt ou tard, et finira par périr ; animé alors par l'énergie du désespoir, il se précipite au milieu des assassins ; malgré l'obstacle qu'ils lui opposent, il saute par une fenêtre qui donne sur son jardin, et tombe de la hauteur de dix-sept pieds. Etonné par sa chute, il demeure immobile, et est atteint d'un coup de feu à la jambe gauche. En même temps, il entend l'un de ces brigands qui se vante de l'avoir tué. Pour le confirmer dans cette opinion, le capitaine Landolphe contrefait le mort. Pendant ce temps, cette horde rapace force le secrétaire et le coffre-fort du malheureux capitaine, et enlève beaucoup d'argent, de quadruples, de pièces d'or, dites portugaises, et une immense quantité de diamans. Mais, tandis qu'ils achevaient la spoliation d'un homme qui les avait comblés de bienfaits, ces scélérats sont avertis par les vedettes qu'ils avaient postées aux environs, que les nègres du village voisin, prévenus par ceux de M. Landolphe, accouraient en grand nombre à son secours. Désireux d'éviter une telle rencontre, les Anglais se retirent promptement, mais en répandant sur leur route des traînées de poudre et des mèches embrasées qui eurent bientôt mis le feu à tout l'établissement. Durant cette scène d'horreur, l'infortuné Français, à qui l'on ravissait ainsi le fruit de tous ses travaux, s'était enfoncé dans un des fossés du fort, où il avait de l'eau jusqu'au cou. De là il voyait l'incendie consumer rapidement les maisons qui étaient toutes construites en bois; et, à la lueur que projetaient les flammes, il apercevait les voleurs emportant ses riches depouilles. La crainte de devenir la proie du feu qui se propageait avec une inconcevable fureur, l'obligea de se traîner jusqu'à une fontaine, à cent vingt toises du fort. A peine y était-il arrivé qu'une horrible détonation se fit entendre, et lui apprit que le magasin, qui contenait dix milliers de poudre, venait de sauter. Le fort, les batteries, les maisons, tout fut dispersé; et ce ne fut que par une sorte de prodige que M. Landolphe ne fut point écrasé sous les débris qui tombaient à ses côtés. Après cette explosion, il aperçut une troupe de nègres, il les appela; l'un d'eux le prit sur ses épaules et le porta chez le commandant du village voisin, qui s'empressa de le couvrir avec une pièce de toile, de faire panser sa blessure et d'expédier une pirogue au roi d'Owhère pour le prévenir de cet affreux désastre. Cependant, le capitaine français, Laurenti, qui se trouvait dans ces parages, adressa à son malheureux compatriote douze chemises neuves, six pantalons et deux vestes de basin blanc, secours bien nécessaire à celui qui, la veille encore, possédait une fortune susceptible de combler les désirs les plus immodérés. Instruit de l'attentat dont M. Landolphe était victime, le roi d'Owhère l'envoya chercher par une pirogue que commandait le prince Boudakan. Pendant ce temps-là, vingt-neuf autres pirogues montées par des nègres attaquèrent deux vaisseaux anglais mouillés dans la rade de Régio, ils s'en emparèrent et en emmenèrent prisonniers les équipages. Le roi voulut donner un de ces bâtiments au capitaine Landolphe, qui le refusa. Le monarque nègre ne s'offensa point de son refus, et déclara qu'à dater de ce moment il se regardait comme en guerre avec les Anglais et ne leur permettrait à l'avenir aucun commerce dans ses états.

Cependant, le capitaine Landolphe souffrait horriblement de sa jambe, dont les muscles avaient été déchirés par la mitraille. Depuis vingt-cinq jours il ne pouvait se remuer sans éprouver une abondante hémorragie. Ne sachant à qui recourir, il s'abandonna aux soins d'un nègre qui lui fut amené par le prince Boudakan. Ce nègre, au moyen de quelques feuilles qu'il appliqua sur la plaie, fit disparaître la gangrène qui s'y était déjà manifestée, et, avec une poudre fort astringente, parvint à guérir entièrement cette dangereuse blessure. Rendu à la santé aprés cinquante-deux jours de maladie passés dans le palais d'Owhère, le capitaine Landolphe prit congé de ce souverain, le remercia de ses bontés, s'embarqua sur une goëlette appartenant au capitaine Laurenti, et passa à l'île du Prince d'où il se rendit ensuite à Saint-Domingue.

Tel fut le triste résultat d'une entreprise qui assurait a nos armateurs un avantage immense sur les côtes de l'Afrique, et qui, en se combinant avec tant d'autres projets que le vertueux et infortuné Louis XVI avait conçus, n'aurait permis à aucune nation de rivaliser d'étendue et de prospérité avec le commerce de la France.

HUMANITÉ DE M. GÉRARD.

D'abord simple pilote, M. Gérard est devenu l'un des plus riches négociants du monde, et possède une fortune de trente millions; mais ce qui est bien plus admirable que cette excessive opulence, c'est la conduite que ce Français tint à Philadelphie, en 1793. Pendant l'épidémie qui, à cette époque, ravageait cette ville, M. Gérard fonda un hôpital à ses frais; il y exerçait lui-même les fonctions de garde-malade; il ensevelissait les morts; il les portait en terre.

Honneur au Français qui, dans des climats lointains, sut ainsi rendre respectable son nom. Honneur à la patrie qui a donné le jour à ce prince de l'humanité!

HEUREUSE AUDACE DU CAPITAINE SEGOND.

Segond venait d'acheter la corvette le *Pilote des Indes*; et, de la rivière de Quimper, il se rendait à Lorient pour y prendre sa batterie, lorsqu'il fut rencontré par un cutter anglais qui l'attaqua avec acharnement. Quoique notre brave marin ne fût secondé que par un faible équipage et que son bâtiment ne fût muni que de quelques pierriers, il n'en résista pas moins avec une intrépidité admirable, et rendit long-temps inutiles les efforts de ses ennemis. Voyant enfin qu'il lui était impossible de continuer sa défense, il amena son pavillon, mais ce ne fut qu'après s'être déguisé en matelot. Les capteurs, charmés de rencontrer un jeune homme qui parlait si bien leur langage, le gardèrent à bord de la prise. C'était-là ce que désirait l'aventureux marin. A cinq heures du soir, ayant tout disposé pour l'exécution de ses projets, il met le sabre à la main; et, à la tête de son ancien équipage, il fond sur les Anglais, qui, bien que supérieurs en nombre, se jettent dans la cale et y sont aussitôt enfermés. Assuré par là d'avoir recouvré son navire, Segond fit route pour Lorient, où il parvint sans accident fâcheux.

GLORIEUX COMBAT DU CAPITAINE BOMPART.

Entré comme volontaire dans la marine en 1776, J. B. F. Bompart fit avec tant de succès les campagnes de l'Inde et de l'Amérique, qu'il fut élevé, en 1793, au grade de capitaine de vaisseau, et chargé de commander l'*Embuscade*, frégate de trente-six canons, sur laquelle il reçut l'ordre de conduire le consul-général de France aux Etats-Unis d'Amérique. Parvenu à sa destination et mouillé dans la rade de New-York, il fut provoqué par une frégate anglaise de quarante-quatre canons.

Vainement le consul de France s'oppose-t-il à ce que Bombart accepte le combat; le brave marin dédaigne les conseils d'une prudence indigne de sa valeur. Il se rend à bord, il harangue son équipage, il lui communique son enthousiasme; et, quand il a fait tous ses préparatifs, il s'approche de l'ennemi et l'attaque avec intrépidité. On se bat de part et d'autre avec un acharnement extraordinaire; mais, après sept heures d'une courageuse défense, la frégate anglaise est rasée et contrainte de se retirer. A son retour à New-York, Bombart fut reçu aux acclamations de tous les habitants, qui, accourus en foule pour être témoins de ce combat, en consacrèrent le souvenir par une médaille.

INTRÉPIDITÉ DU CAPITAINE OLETTA.

Le capitaine Oletta était né en Corse, et, voyant cette île au pouvoir de Paoli, il vint offrir ses services à la France, qui les accepta. Avec une felouque de vingt-quatre hommes d'équipage et de quatre canons, il est envoyé à Ajaccio, où une municipalité contre-révolutionnaire lui ordonne de tirer à terre son bâtiment; sentant que, s'il obéit, il expose les dépêches dont il est chargé, il se débarrasse d'abord de trois hommes dont la fidélité lui paraît douteuse : ensuite il s'éloigne du port à travers les boulets qui de toutes parts sont dirigés sur lui.

Se trouvant à Toulon, quand les Anglais se rendirent maîtres de cette place, Oletta mit aussitôt à la voile, traversa bravement l'escadre anglaise et l'espagnole, vogua vers l'Italie et y porta la nouvelle de cet événement.

Enfin, le 18 novembre 1793, après avoir fait une prise importante, il est poursuivi par une frégate anglaise et contraint de se retirer dans une anse du Cap-Corse. Là, il débarque son pavillon et deux pièces d'artillerie, il combat pendant quatre heures, il voit son pavillon renversé par un boulet, il s'avance pour le relever et est atteint d'un coup qui lui donne la mort.

EXPLOITS DES MARINS FRANÇAIS A LA JOURNÉE DU 1er JUIN. 1794

A la tête d'une escadre de vingt-six vaisseaux, Villaret-Joyeuse était parti pour aller chercher et ramener dans nos ports une nombreuse flotte chargée de blé, et partie des Etats-Unis pour se rendre en France. Comme il se dirigeait vers les Açores, il rencontra la flotte anglaise, forte de vingt-six voiles, et fut forcé de lui livrer bataille. Dans cette action, que la lâcheté et l'impéritie du conventionnel Jean-Bon-Saint-André rendirent si fatale à notre escadre, plusieurs de nos navires se signalèrent par un courage vraiment héroïque. Le vaisseau amiral, la *Montagne*, fut attaqué d'abord par plusieurs bâtiments ennemis, ensuite par la *Reine-Charlotte*, vaisseau de cent vingt canons.

Ces deux navires combatirent long-temps avec un acharnement inconcevable ; et la *Montagne*, dont l'entrepont était jonché de cadavres, dont la carcasse avait reçu deux cent cinquante boulets, et dont les canons démontés avaient perdu leur canonniers et ne tiraient plus, réussit cependant à mettre en fuite son adversaire. D'un autre côté, le vaisseau le *Vengeur*, abordé par le *Brunswick*, avait été environné par deux autres navires, et ne leur tint tête pendant long-temps qu'en suppléant, à force de valeur, à l'immense désavantage du nombre. Mais la moitié de son équipage est déjà ou mort ou hors de combat ; peu importe à ceux qui survivent ; leur petit nombre, loin de les abattre, exalte de plus en plus leur intrépidité, et leurs batteries, servies toujours avec une rapidité admirable, ont bientôt contraint le *Brunswick* à une retraite précipitée. Toutefois ce succès ne les délivra que d'un seul de leurs ennemis, il leur en restait encore à combattre deux autres qui redoublaient d'autant plus leurs efforts, que la défense du *Vengeur* était plus opiniâtre et plus meurtrière. Mais c'était en vain que le vaisseau français prétendait les obliger à fuir ; criblé de coups de canon et voyant l'eau entrer de toutes parts dans sa cale, il ne lui était plus permis que d'aspirer à un désastre glorieux, seule et dernière consolation que personne au monde ne put leur ravir. En effet, les marins qui le montent tirent leurs canons dès qu'ils les voient à fleur d'eau ; ils remontent ensuite sur le pont ; ils y clouent le pavillon de leur navire ; et triomphants en dépit de la victoire qui s'est déclarée contre eux, ils descendent au fond des abîmes en levant les bras au ciel, en agitant leurs chapeaux, en répétant mille et mille fois les cris de *vive la patrie*!

Pendant que ces braves Français s'illustraient ainsi par leur héroïque trépas, le *Scipion*, vaisseau de quatre-vingts canons, que commandait le capitaine Huguet, donnait un spectacle non moins admirable. Serre-file de l'escadre française, le *Scipion* soutint courageusement le feu de plusieurs vaisseaux de l'arrière-garde ennemie, qui débordait considérablement la nôtre; il fut criblé de coups de canon; ses trois mâts furent abattus par les boulets; dix-sept de ses canons eurent la volée emportée; son fourneau fut brisé; les boulets rouges qui le remplissaient, répandus dans l'entrepont, menacèrent d'incendier le vaisseau; et, comme on s'empressait de prévenir ce malheur, un navire de cent canons, qui jusqu'alors n'avait presque point combattu, vint fondre sur le *Scipion* à demi-portée de pistolet. Bien que ce dernier bâtiment comptât dans son équipage soixante-quatre morts et cent cinquante-un blessés, il n'en résista pas avec moins d'intrépidité; son artillerie fut servie avec tant d'empressement et si habilement dirigée, son feu fut ordonné si à propos, que son formidable adversaire fut contraint d'abandonner le combat. Sorti vainqueur de cette lutte périlleuse, le capitaine Huguet s'aperçut qu'il était à une lieue de son général, et que les ennemis se trouvaient dans son voisinage. Aussitôt il prend toutes les mesures nécessaires pour rejoindre l'un et éviter les autres; il remédie promptement aux obstacles qu'y apporte le désordre ou la destruction de ses manœuvres; il force de voiles, repousse à coups de canon quelques navires ennemis qui veulent le couper, et il arrive heureusement près du vaisseau de Villaret. C'est ainsi que du sein même de ses défaites, la marine française sut toujours faire rejaillir une gloire, qui plus d'une fois a fait envie à ses ennemis victorieux.

EXPLOIT DU CAPITAINE PERRÉE.

Le capitaine Perrée n'était encore que lieutenant lorsqu'en 1795, commandant la frégate la *Proserpine*, il prit, en une seule croisière, soixante trois bâtiments, parmi lesquels une frégate hollandaise de trente-deux canons. Une si brillante campagne lui mérita le titre de capitaine de vaisseau et le fit choisir pour aller avec un vaisseau de ligne, quatre frégates et deux corvettes, détruire les établissements que les Anglais possédaient sur la côte d'Afrique. Il ne se borna point à remplir cette mission avec l'intelligence et l'activité qu'on s'attendait à lui voir déployer, mais, après s'être acquitté heureusement de cette tâche, il captura cinquante-quatre bâtiments richement chargés, qu'il emmena avec lui dans les ports de la France.

LE RÉGULUS FRANÇAIS.

Entré au service comme élève de la marine marchande, Bergeret fut, à l'âge de vingt-deux ans, fait capitaine de vaisseau dans la marine militaire. Il eut alors le commandement de la *Virginie*, prit part avec ce navire au combat du 1er juin 1794; et, par l'audace autant que par l'habileté de ses manœuvres, fit l'admiration des deux armées. La gloire dont Bergeret s'était couvert dans cette mémorable journée ne fit qu'enflammer d'une nouvelle ardeur cet intrépide marin. Durant une croisière de quatre mois sur les côtes d'Irlande, il fit plus de cent trente prises, sans penser jamais à s'en approprier la plus légère partie, et sans que le gouvernement de cette époque daignât récompenser tant d'éclatants services. Il revenait de cette campagne, quand, à la vue des côtes de France, il fut rencontré par sir Edouard Pellew (aujourd'hui lord Exmouth), qui avait sous ses ordres cinq frégates et un vaisseau rasé. Obligé d'en venir aux mains contre des forces si supérieures, Bergeret combattit avec une opiniâtreté dont les fastes de la marine offrent peu d'exemples : il contraignit les cinq frégates à abandonner la partie; il se défendit long-temps contre le vaisseau rasé et ne se rendit que lorsqu'il eut perdu toute espérance. Presque tous ses braves compagnons avaient péri, et il voyait son vaisseau faire eau de toutes parts. Accueilli à Portsmouth avec le respect dont sa haute valeur le rendait digne, Bergeret se signala bientôt par un admirable trait de loyauté. Craignant pour les jours de Sidney-Smith, qu'on avait pris au Havre et qu'on voulait juger comme incendiaire, le gouvernement britannique envoya Bergeret à Paris, pour obtenir son échange contre le commodore anglais, et lui fit promettre que, s'il ne réussissait pas, il reviendrait se constituer prisonnier. Après d'inutiles efforts pour déterminer cet échange, notre brave marin voulut tenir sa parole ; malgré l'absolue défense du directoire,

t quoique les Anglais l'eussent menacé de le ren-
re responsable du sort de Sidney-Smith, il s'é-
happa et alla, nouveau Régulus, se livrer au res-
entiment des ennemis.

BEAU COMBAT DU CAPITAINE RENAUD.

Depuis long-temps le commerce anglais se
oyait exposé dans les mers de l'Inde aux conti-
uelles attaques des vaisseaux de guerre et des
orsaires français, qui le désolaient par des pertes
nmenses qui s'élevaient déjà à cent cinquante
nillions de francs. Pour arrêter le cours de ces
uineuses entreprises, la compagnie anglaise des
ndes Orientales prépara une expédition chargée
e faire la conquête de l'Ile-de-France, refuge
e tous les navires qui lui avaient fait éprouver
e si terribles échecs. En attendant que se fus-
ent réunies les forces qu'on destinait à cette im-
ortante opération, deux vaisseaux de ligne,
 Centurion et le *Diomède* furent détachés pour
roiser sur les côtes de cette ile.

S'apercevant que les vivres commençaient à
evenir rares, puisqu'on était réduit à six onces
e pain par jour, et appréhendant la perte des
orsaires, qui, à leur retour, ne trouveraient
'asile ni pour eux ni pour leurs prises, le conseil
e l'Ile-de-France envoya sur-le-champ les deux
régates la *Prudente* et la *Cybèle*, avec le brick
e *Coureur*, pour attaquer les deux vaisseaux
e ligne ennemis et les obliger d'abandonner leur
roisière.

La petite escadre Française, commandée par

le capitaine Renaud, s'avança contre ses deux redoutables adversaires, sans se laisser intimider par l'extrême supériorité de leurs forces. Ce fut le 22 octobre 1794 que, se trouvant en leur présence, elle les attaqua avec une incroyable fureur. Nos braves marins s'attachent moins à tuer du monde à leurs ennemis qu'à désemparer assez leurs bâtiments pour les contraindre à se retirer. Mais, malgré l'habilité et la valeur du capitaine Renaud et de ses équipages, une heure de combat n'a encore rien produit en leur faveur; et ils sentent la nécessité de se retirer quelques instants pour se regréer. La *Prudente*, que Renaud commande en personne, réussit à opérer sa retraite; mais la *Cybèle*, que commande le capitaine Tréhouarts, n'y peut parvenir. Demeurée seule en butte au feu simultané des deux navires anglais, elle ne trouve de secours que dans l'incomparable valeur de son équipage, et dans l'extrême hardiesse du brick. Les marins de ces deux bâtiments proportionnent leurs efforts à ceux de leurs ennemis et les surpassent en bravoure autant que ceux-ci l'emportent sur eux par le nombre. Capitaine en second de la *Cybèle* La Hire est blessé au talon par un coup de biscaïen; et repoussant les matelots qui veulent le transporter à l'endroit où l'on panse les blessés: « Non, leur dit-il, j'ai juré de mourir à mon poste « et je ne le quitterai pas. » Peu de minutes après, un boulet ramé lui coupe les reins, et il meurt en s'écriant: « Courage, mes amis, vengez-nous! » Pendant ce temps-là, le chargeur Sixte Brunet a la main droite emportée, au moment

u'on lui présente le refouloir ; il le saisit de la
ain gauche, charge sa pièce et va se faire
nser. Qu'on juge, par l'exemple de ces deux
trépides marins, de l'enthousiasme qui animait
us les autres, et l'on conviendra que de tels
ommes ne pouvaient être vaincus. Aussi ne
furent-ils pas. Le *Centurion*, privé de ses deux
âts, démonté de son gouvernail, et faisant eau
e toutes parts, fut obligé de prendre la fuite,
t le *Diomède* ne put empêcher que la *Cybèle*,
morquée par la *Prudente*, et suivie du brick
Coureur ne rentrât en triomphe dans le port
e l'Ile-de-France. Soustraite par ce glorieux
ombat au blocus dont elle était menacée, cette
e vit le *Diomède* la délivrer de sa présence, les
ubsistances qu'elle attendait arriver de tous côtés,
t les corsaires qui étaient en mer lui amener de
iches captures.

NOUVEL EXPLOIT DE MM. DE SERCEY ET TRÉHOUARTS.

L'un des plus mémorables combats dont les
ners de l'Inde aient été témoins fut sans contredit
celui que la *Cybèle* et trois autres frégates françaises, commandées par M. de Sercey, livrèrent
à deux vaisseaux de ligne anglais de soixante-
quatorze canons, le *Victorieux* et *l'Arrogant*.
Ce fut près de la côte de Sumatra que les deux
divisions ennemies se rencontrèrent ; le combat
commença à huit heures du matin et se continua
jusqu'à midi avec un acharnement extraordinaire.
Au moment où l'action se maintenait avec le plus

de vivacité, le *Victorieux* fut surpris par le calme mettant alors son canot à la mer, la *Cybèle* se fit remorquer; se posta en travers à la poupe du *Victorieux*; acheva de le désemparer; le contraignit de fuir ainsi que l'*Arrogant*, et de chercher un asile au port de Madras, que ces deux navires anglais ne regagnèrent qu'avec peine.

SANG-FROID ET DÉVOUEMENT DU CAPITAINE HUGUET.

Le capitaine Huguet commandait toujours le *Scipion*; ce vaisseau n'avait pas reçu toutes les réparations nécessitées par les nombreuses avaries que lui avaient values, l'année précédente, l'intrépidité de son capitaine; aussi ne fut-il pas plutôt en mer qu'il courut le plus grand péril. Soulevées par une horrible tempête, les vagues brisaient sur lui comme sur un rocher, et l'entrouvrirent de toutes parts, au milieu d'un péril aussi imminent l'équipage épouvanté veut se précipiter tumultueusement dans les embarcations, et n'aurait pu manquer d'y périr. Huguet, qui, ayant conservé tout son sang-froid, a déjà vu tout ce que l'imprudence de ses marins ajoute au danger de leur position, arrête leur impétuosité par la persuasion qui règne dans ses discours, et par l'énergie de son caractère. Il fait continuer le jeu des pompes et des puits; et, se dévouant à la mort pour sauver ses compagnons, il travaille à leur embarquement, sans s'inquiéter du sort qui lui est destiné: il sauve d'abord les malades, des anglaises prisonnières, les mousses, les novices, les matelots, les officiers mariniers; enfin, quand il s'est assuré, par deux visites qu'il a fait faire et par une troisième qu'il a lui-même exécutée, que le vaisseau ne renferme plus personne ; il permet à ses officiers de s'embarquer, et ne quitte le bâtiment qu'après les avoir vus en sûreté.

Nous ne devons pas ici passer sous silence le zèle avec lequel l'amiral Gantheaume seconda le capitaine Huguet. Par son empressement à envoyer ses chaloupes au secours des naufragés, par son activité à les recevoir sur son bord, par le soin qu'il prit de se tenir sans cesse à la portée du *Scipion*, le brave amiral partagea la gloire dont se couvrit en cette circonstance le capitaine de ce vaisseau.

EXPLOITS DU CAPITAINE DE LEISSÈGUES.

M. de Leissègues avait été chargé, en 1793, de conduire à la Guadeloupe un bataillon de troupes de ligne. Arrivé à la Désirade après une traversée de quarante jours, il apprend que la Guadeloupe est au pouvoir des Anglais. Il forme aussitôt la résolution de les en expulser, et il y parvient quoiqu'il n'ait sous ses ordres que le bataillon qui lui a été confié et qu'il a renforcé par quatre cents marins. Attaqué dans sa conquête par l'amiral Jervès (lord Saint-Vincent) ; il résista à toutes les tentatives de ce redoutable adversaire, et conserva à la France cette importante colonie.

En 1795, M. de Leissègues, élevé au grade de contre-amiral, fut mis à la tête de quelques frégates qui croisaient sur les côtes de l'Angleterre ; et, dans l'espace de vingt jours, il enleva aux ennemis vingt-huit bâtiments richement chargés.

GLORIEUX COMBAT DU CAPITAINE LEJOILLE.

L'amiral Martin, à la tête d'une escadre française, se rendait en Corse, afin d'enlever cette île à la domination britannique, lorsque, près d'arriver au terme de sa route, il aperçut, le 7 mars, le *Berwick*, vaisseau anglais de soixante-quatorze canons, qui, du golfe de Saint-Florent, se rendait à Livourne où son escadre était mouillée. L'amiral français ordonne aussitôt au capitaine Lejoille d'aller avec trois frégates attaquer ce vaisseau ; Lejoille obéit, exécute cette commission avec autant d'habileté que de valeur, et, après un combat d'un quart d'heure, oblige le *Berwick* à amener son pavillon.

EXPLOITS DU CONTRE-AMIRAL RICHERY.

Le contre-amiral Richery, avec une escadre de six vaisseaux et de trois frégates, partit du port de Toulon le 14 septembre 1795. Le 7 octobre, à vingt-cinq lieues dans le nord-ouest du cap Saint-Vincent, il aperçut un nombreux convoi qui, sous l'escorte de trois vaisseaux de ligne, venait des possessions britanniques dans le Levant, s'était arrêté d'abord à Livourne, puis à Gibraltar, et se rendait enfin dans les ports de la métropole. A la vue de l'escadre française, les vaisseaux de ligne anglais prennent promptement la fuite ; mais l'un d'eux, le *Censeur*, est aussitôt rejoint et capturé par nos navires de haut-bord. Pendant ce temps, nos frégates ont pénétré au milieu du convoi et ont enlevé trente bâtiments. Craignant d'aventurer le sort de ses prises en s'exposant à revenir en France, Richery les conduit au port de Cadix.

Le 1er août 1796, ce contre-amiral fait voile de ce port vers l'Amérique septentrionale ; le 28, il arrive au grand banc de Terre-Neuve, et il y fait quatre-vingts prises, d'où il retire les objets les plus précieux, et qu'ensuite il brûle, ou coule à fond. Le 4 septembre, il se rend maître des navires mouillés dans la baie de Bull, et il y ruine tous les établissements anglais. Le 5, après avoir fait partir deux vaisseaux et une frégate, sous la conduite du chef d'escadre Allemand, pour la baie aux Châteaux, sur la côte de Labrador, il remet à la voile ; il se rend aux îles de Saint-Pierre et Miquelon ; il y détruit tous les établissements anglais, et rentre à Rochefort le 5 novembre de la même année.

EXPÉDITION DU CHEF D'ESCADRE ALLEMAND.

Retardé par les vents et par les brumes, le chef d'escadre Allemand ne put arriver que le 22 septembre à la baie aux Châteaux. Bien que la plupart des bâtiments anglais en fussent déjà partis, il en rencontra cependant un assez grand nombre chargés de pelleteries, et il les captura tous. Dès qu'il fut parvenu à l'entrée de la baie, il envoya un parlementaire au commandant pour le sommer de se rendre. Sur le refus de cet officier, il fit jouer son artillerie, et rasa un fort défendu par quatorze canons. Se voyant dans l'impossibilité de prolonger sa défense, le commandant anglais incendia tout l'établissement et se retira dans les bois. Le chef d'escadre français l'y poursuivit inutilement, se rembarqua, fit voile vers la France, captura pendant sa route un navire chargé de piastres, et vint mouiller, le 10 novembre, sous l'île de Croix, près de Lorient.

EXPÉDITION LOINTAINE DU CONTRE-AMIRAL MARQUIS DE SERCEY.

Ce fut le 4 mars 1796 que M. de Sercey, à la tête d'une petite escadre, partit de France pour l'Océan Indien. Parvenu le 15 mai au 32e parallèle sud et au 3e méridien oriental, il prit un bâtiment baleinier anglais, chargé d'huile. Dans la nuit du 24 au 25 du même mois, il obligea de se rendre un navire à trois mâts qui était tombé au milieu de l'escadre française. Le 3 juin, il aperçut et captura un autre navire. Du 18 juin au 14 juillet, il relâcha dans l'île de France; il y radouba ses bâtiments et les approvisionna. Le 14 août, il reconnut la pointe sud-ouest de l'île de Ceylan; il y croisa jusqu'au 18, et il y fit plusieurs prises. Le capitaine de la goëlette-corsaire qui lui servait de découverte, ayant fait manquer le but principal de cet armement, M. de Sercey fit voile pour le détroit de Malaca, où il se proposait d'enlever aux Anglais l'île de Pulo-Pinang et de détruire les comptoirs de cette nation. Après avoir eu connaissance de Pulo-Vay, de la pointe Pèdre et du mouillage d'Achem, où il captura quelques bâtiments, il croisa sur la côte septentrionale de Sumatra. Le 5 et le 7 septembre, il se signala par deux prises importantes; la dernière, qui consistait en un navire de douze cents tonneaux, chargé de rhum et de riz, fut dirigée sur l'île de France. Le 8, il eut un engagement très-meurtrier avec deux vaisseaux anglais de soixante-quatorze canons. Il alla aux îles Nicobar; il fit de l'eau et du bois; il passa de là à l'île de France, où il répara ses frégates. Il se remit en mer; il cingla vers les côtes de Golconde, puis vers la partie orientale du Ceylan; et, se rendant ensuite à Batavia, il prit près des îles de la Sonde un brick anglais portant pour soixante mille piastres d'opium. Après deux mois de séjour à Batavia, il retourna à l'île de France.

HAUTS FAITS DU CAPITAINE SURCOUF.

Le capitaine Surcouf n'avait encore que vingt-huit ans, lorsqu'il partit, en 1796, à bord de l'*Emilie*, bâtiment de commerce, qui devait aller prendre des bois de construction aux îles Séchelles. La rencontre de deux navires ennemis ayant obligé notre jeune marin de changer de route, il se détermina à aller charger du riz dans un des ports de l'Inde. Comme il se dirige vers cette destination, il aperçoit trois voiles marchandes, escortées par un schooner armé. Présumant qu'il trouvera sur ces bâtiments la denrée dont il veut se pourvoir, il attaque le schooner et s'en rend maître ainsi que des trois vaisseaux convoyés par lui. Engagé par un si heureux succès à des tentatives nouvelles, le capitaine Surcouf rencontre le *Triton*, navire équipé par la compagnie anglaise des Indes orientales, défendu par vingt-six canons de douze, et monté par un équipage de cent cinquante Européens. Il forme aussitôt le dessein de s'en emparer. Pour y réussir, il fait cacher tous ses gens, se montre seul sur le pont et s'approche du bâtiment anglais, qui le laisse avancer sans appréhension. Quand il en est temps, il fait paraître son équipage, lance au *Triton* une décharge de mousqueterie et de mitraille, saute à l'abordage avec tous ses marins, et, le pistolet d'une main, le sabre de l'autre, il se précipite sur les ennemis. Bientôt le capitaine de ces derniers et dix des siens sont tombés sans vie; cinquante autres sont dangereusement blessés; et Surcouf, qui n'a pas perdu plus d'un seul homme, demeure maître du bâtiment. Pour se débarrasser des prisonniers nombreux qu'il vient de faire, il les oblige à signer un cartel d'échange; il les embarque dans le schooner qu'il a désarmé; il les renvoie à Madras, et se rend à l'île de France avec ses quatre prises. A peine y est-il arrivé qu'il se voit condamné par les tribunaux, pour avoir couru sus aux vaisseaux marchands des ennemis, sans être muni de lettres de marque, et ses prises sont confisquées au profit de l'Etat. Cependant, pour accorder ce qu'on devait à l'observation des lois et à la valeur de notre valeureux marin, le gouvernement français lui fit compter une somme équivalente à celle que produisit la vente de ses prises, estimées un million sept cent mille francs.

HEUREUSE TÉMÉRITÉ DE L'ASPIRANT LEROI.

Le capitaine Landolphe, ayant pris une goëlette, chargea l'aspirant Leroi de la conduire à la Guadeloupe. Pendant la traversée, la goëlette fut reprise par les Anglais, et l'aspirant emmené prisonnier à Antigue. Trois jours après son arrivée dans cette île, ce jeune marin remarque un petit bâtiment, il conçoit le projet de s'en saisir et de se mettre en liberté. Informés de cette résolution, les matelots français, qui partagent son sort, promettent de l'aider dans cette entreprise. Dès la nuit suivante, le brave Leroi, accompagné de ses matelots, arrive sans bruit et à la nage près du navire; il y monte; il surprend les trois hommes qui le gardent; il leur impose silence en les menaçant de la mort; il coupe le câble, tend les voiles, passe hardiment près du vaisseau de guerre qui garde l'entrée du port et qui lui demande où il va : « —A la pêche, » répond-il en anglais par l'organe de l'un de ses matelots qui parlait fort bien cettelangue; et, poursuivant sa route, il arrive heureusement à la baie de Mahaut. Une si heureuse hardiesse valut à l'aspirant Leroi le commandement d'un corsaire.

BEAU COMBAT DE LA FRÉGATE LA VESTALE.

Une escadre française, qui, sous les ordres du contre-amiral Villeneuve, se rendait de Toulon à Brest, essuya sur les côtes de l'Espagne un coup de vent qui avait fait perdre deux de ses mâts à la frégate la *Vestale*. Comme elle ne pouvait suivre les autres vaisseaux, le contre-amiral lui ordonna de gagner le port de Cadix. Parvenue à quatre lieues de ce port, elle fut attaquée par la frégate anglaise la *Terpsychore*, à laquelle il ne manquait aucun de ses agrès, et dont les batteries étaient infiniment supérieures à celles de la frégate française. Malgré tant de désavantages, la *Vestale* résiste courageusement, et chacun de ses marins se signale par la plus héroïque intrépidité. Parmi les plus vaillants se distingue le jeune enseigne Tissot. Blessé dès le commencement du combat, il n'en demeure pas moins près de son capitaine, et ne cesse de le presser d'en venir à l'abordage. Bientôt il est atteint à la hanche par un boulet de canon, tandis qu'il transmet un ordre au commandant de la batterie; s'adressant alors au contremaître qui aide à le porter au poste. « Je meurs « avec plaisir pour la patrie, lui dit-il; embrassez « le capitaine et l'état-major pour moi. Vive la « France! »

Toutefois, la valeur de ces braves marins ne put que retarder, mais non pas éviter une défaite. Après bien des efforts pour s'y dérober, il fallut amener le pavillon. La mer, qui était fort grosse, ne permit point aux Anglais de mettre sur leur prise assez de monde pour l'amariner, et ils se bornèrent à l'observer en se tenant près d'elle. Bientôt le temps redoubla de violence; la *Terpsychore*, dans la crainte d'être jetée à la côte, fut obligée de s'éloigner; et les Français, saisissant cette heureuse circonstance, s'insurgèrent contre ceux de leurs vainqueurs qui avaient passé à bord de la *Vestale* et les emmenèrent prisonniers à Cadix, d'où quelques chaloupes vinrent remorquer la frégate française.

NOUVEAU TRAIT DE DÉSINTÉRESSEMENT DE PLÉVILLE-LE-PÉLEY.

Pléville, alors ministre de la marine, reçut du gouvernement l'ordre de faire une tournée sur les côtes de l'ouest. Quarante mille francs furent mis à sa disposition pour exécuter ce voyage. Loin de spéculer sur cette mission, le ministre désintéressé ne prit que douze mille francs sur la somme qui lui était allouée; il n'en dépensa que sept mille, et voulut verser le reste dans les caisses de la trésorerie. Mais le gouvernement, à qui les quarante mille francs avaient été déjà portés en compte, loin d'accepter ce remboursement, fit remettre à Pléville les vingt-huit mille francs qu'il avait laissés avant son départ. Bien que sa fortune fût très-médiocre et sa famille fort nombreuse, le ministre, qui ne pouvait empêcher cette générosité, persévéra dans l'intention de ne pas en profiter, et l'employa à l'exécution du télégraphe qui surmonte encore l'hôtel du ministre de la marine.

ADMIRABLE COMBAT DU CAPITAINE CARRY.

Sur un navire de six canons de quatre, le capitaine Carry tenait la mer depuis 1796, et il avait déjà fait plusieurs prises aux Anglais, lorsqu'au commencement de janvier 1797, il s'aperçut qu'il était chassé par le *Swan*, cutter armé de quatorze canons et doublé en cuivre. Pour se dérober à une si dangereuse poursuite, Carry abandonne un navire marchand dont il vient de s'emparer. Mais quelques efforts qu'il fasse, la marche de l'ennemi est supérieure à la sienne: et, ne pouvant lui échapper, il se décide à le combattre. L'action fut opiniâtre et dura huit heures consécutives. Mais, quoique le corsaire français et son équipage déployassent une extrême valeur et une habileté non moins grande, ils se convainquirent bientôt que la partie était trop inégale pour qu'ils se dérobassent au cutter anglais. Dans cette extrémité, Carry, s'adressant à ses gens : Mes amis, s'écrie-t-il, pas de milieu; il faut aborder le cutter ou aller au ponton (1). » *Abordons! abordons!* fut la réponse unanime de tous les matelots. Prompt à seconder leur ardeur, Carry porte son navire sur le *Swan*, et s'y précipite avec tous ses marins; sous leurs coups tombe mort le capitaine anglais; cinq ou six de ses gens subissent le même sort; les autres demandent grâce; et les Français, à bord de leur navire et suivis de leur prise, rentrent triomphants dans le port du Havre. Une hache d'armes d'honneur fut la récompense du brave Carry.

EXPLOITS ET DÉSASTRES DU CHEF DE DIVISION LACROSSE.

Après la malheureuse tentative de l'amiral Morard de Galles pour opérer une descente dans la baie de Bentry, en Irlande, le chef de division Lacrosse, que la tempête avait séparé du reste de la flotte, au lieu de retourner avec elle au port de Brest, alla croiser huit jours à l'embouchure du

(1) Les pontons ou vaisseaux rasés servaient de prison aux Français que les Anglais avaient pris en mer.

DUGAI-TROUIN. *Page 249.*

Dugai-Trouin, vainqueur à Rio-janeiro.

Shannon, car on avait aussi désigné ce point comme celui où le débarquement pouvait s'exécuter. N'ayant vu paraître aucun de nos navires, Lacrosse mit à la voile pour la France. Il en était encore à vingt-cinq lieues, lorsqu'il fut attaqué par le vaisseau rasé *l'Infatigable*. que commandait le commodore Pellew. Le combat durait depuis une heure et demie, et, bien que le navire anglais fût infiniment supérieur à celui de notre nation, la victoire ne s'était encore déclarée pour aucun des deux. Alors survint la frégate anglaise *l'Amazone*, qui, se joignant à *l'Infatigable*, canonna le bâtiment de Lacrosse à une portée de pistolet. Notre courageux marin ne s'effraya point de cet accroissement d'ennemis, il redoubla la vivacité de son feu, et contraignit les Anglais à se retirer au large pour réparer leurs avaries. Cette trève fut employée par les Français à se rafraîchir et à s'animer mutuellement d'une nouvelle ardeur. Bientôt leurs ennemis revinrent à la charge et leur livrèrent un combat qui se prolongea depuis huit heures et demie du soir jusqu'à six heures du matin. Pendant que l'action était la plus vive, Lacrosse vit que les deux navires anglais s'était postés chacun d'un côté opposé et que leurs boulets enfilaient tour à tour ses batteries; alors il se détermina à tenter un abordage dont le succès lui était garanti par les six cents matelots et les six cents soldats qui couvraient son bord. Mais *l'Infatigable* et *l'Amazone* évitèrent constamment son approche. A une heure du matin, Châtelain, officier de manœuvre, fut frappé au bras d'un coup de biscaïen. A deux heures, le commandant fut atteint au genou par un boulet mort qui le contraignit d'aller au poste; ce ne fut toutefois qu'après avoir juré à l'équipage de ne jamais amener le pavillon, promesse qui fut accueillie avec des transports unanimes. Prévost-Lacroix, capitaine de frégate, prit alors le commandement du navire et protesta des mêmes intentions. Il continua en effet à combattre jusqu'à six heures. Les ennemis disparurent alors, et laissèrent nos marins jouir d'un repos qu'ils avaient acheté par treize heures de combat. En ce moment, on aperçut la terre; mais le mauvais état des manœuvres et la faiblesse des ancres ne permit point d'en éloigner le vaisseau, qui, à sept heures, échoua dans la baie d'Audierne. On avait déjà tiré quatre à cinq coups de canon d'alarme, et jeté à la mer une partie de l'artillerie afin d'alléger le bâtiment. Les deux premiers canots qu'on mit alors à la mer furent emportés par les lames et brisés contre les rochers avant qu'aucun des marins et des passagers s'y fût embarqué. Privé de cette ressource, on essaya de s'en créer une autre : des vergues de rechange servirent à la construction d'un radeau; on y attacha une corde qu'on lâchait graduellement pour donner à cette frêle embarcation le moyen de parvenir jusqu'à la côte en dérivant; mais, retardé par le poids de cette corde, le radeau ne put exécuter assez tôt cette manœuvre; plusieurs de ceux qui s'y trouvaient furent emportés par les vagues, et les autres ayant coupé la corde, réussirent à gagner la terre. Cet essai, tenté de nouveau, n'eut point un meilleur résultat. Aspirant à tirer ses compagnons et à sortir lui-même de cette position désespérée, le maître voilier, courageux et habile nageur, hasarda de se jeter à l'eau pour aller attacher sur la côte une corde légère, qui aurait servi à en faire passer une autre ; on espérait s'ouvrir ainsi une route vers le rivage. Mais ce brave marin ne fut pas plus tôt arrivé à la moitié de l'espace qui le séparait de son but, que la fureur des vagues l'obligea de regagner le vaisseau, où il remonta à l'aide de sa corde. Ainsi se passa la journée du 14 janvier 1797 ; durant tout ce temps, nos infortunés marins manquèrent d'eau et de vivres ; ils en avaient été privés par l'irruption que la mer avait faite dans la cale, en brisant l'arrière de leur vaisseau. Le lendemain, on mit à flot plusieurs embarcations ; quelques-uns de ceux qui les montaient arrivèrent seuls sur le rivage, le plus grand nombre périrent. A force de peines, le grand canot fut lancé à la mer, et porta heureusement sur la côte vingt-cinq ou trente hommes qui y étaient descendus ; mais il ne put, à cause des vents contraires, être ramené vers le bâtiment. Le 16, on mit à l'eau la chaloupe, où s'étaient placés deux femmes et six enfants faits prisonniers sur un navire anglais, un grand nombre de blessés et soixante ou quatre-vingts autres personnes. Mais, à peine parvenue à l'eau, la chaloupe fût poussée avec violence par les vagues contre le bâtiment ; elle se brisa ; et à l'exception de quelques hommes qui remontèrent à bord, tous les autres furent engloutis par les flots. Pour comble de malheur, les vents soufflaient du large et ne permettaient point de venir de la côte au secours de nos malheureux naufragés. Cet obstacle disparut dans la nuit du 16 au 17 ; les vents changèrent de direction. Dès la pointe du jour, cinq chaloupes, parties d'Audierne, reçurent le reste des blessés et cent hommes en bonne santé. A midi, le cutter *l'Aiguille* prit sur son bord trois cents hommes environ, et laissa avec le commandant quatre cents hommes, à qui l'on n'avait donné pour tout secours que quelques bouteilles d'eau. Enfin, au bout de quatre jours passés dans les plus cruelles angoisses, après que soixante de ces infortunés eurent péri au milieu du délire le plus affreux et des plus horribles convulsions, *l'Aiguille* et la corvette *l'Arrogante* vinrent prendre tout ce qu'il restait encore des naufragés, ainsi que le brave Lacrosse, qui ne voulut quitter son navire que lorsqu'il fut certain de n'y laisser personne.

BELLE CONDUITE DU CHEF DE DIVISION EMÉRIAU, A LA BATAILLE D'ABOUKIR.

Avec un seul navire, Emériau eut la gloire, à la sanglante et malheureuse affaire d'Aboukir, de combattre contre trois vaisseaux ennemis, et notamment contre le *Wangar*, que montait l'amiral Nelson, et qu'il mit hors d'état de pouvoir rien entreprendre directement contre le reste de l'armée française. Emériau reçut dans cette occasion trois blessures dont une, extrêmement grave, lui rompit complètement le bras droit, ouvrit l'artère, et lui fit perdre tant de sang que, malgré le désir qu'il avait de rester sur le pont, il tomba en défaillance et fut transporté au poste pour y être pansé. Quand les ligatures eurent été faites, ce brave officier revint sur le pont; il continua d'y onner ses ordres jusqu'à la fin du combat, et il e cessa de résister qu'après avoir vu ses mâts ntièrement coupés, son vaisseau criblé de boulets, euf pieds d'eau dans la cale, ses poudres noyées t, excepté trois canons de la qatterie basse, toute on artillerie dans l'impossibilité d'agir. Pendant le ombat, le feu avait pris deux fois à son bord; son ang-froid et son intrépidité avaient paré à cet inonvénient.

FERMETÉ ET INTRÉPIDITÉ DE BOMPART.

Chargé de faire une descente en Irlande, Bomart résolut de ne tenter cette entreprise que lorsue le temps serait jugé assez mauvais pour empêher les vaisseaux anglais de tenir la mer. Cette étermination effraie les équipages de l'escadre rançaise, qui, d'ailleurs, manquaient de tout. ls se révoltent et refusent de mettre à la voile. Bompart, qui en est instruit, ne se laisse point ntimider; armé de deux pistolets, il se rend à ord du vaisseau amiral; il s'adresse aux mutins; l les fait rougir de leur lâcheté, il leur impose ar ses réprimandes et par ses menaces, les oblige rentrer dans le devoir, et met sur-le-champ à a voile.

Il avait prévu que le mauvais temps disperseait ses vaisseaux; sa conjecture se réalisa, et il rriva seul dans la baie de Killala, où il avait donné rendez-vous à sa flotte. Il n'y trouve u'une escadre anglaise. Il l'attaque le premier; démâte deux vaisseaux; et, réduit à l'impossibilité de se défendre plus long-temps, il tente de s'échouer sur la côte ; le chemin lui est ferm par deux bâtiments ennemis ; le sien fait eau manque de munitions et a perdu les deux tiers d son équipage. Pour sauver le reste, Bompart s rend et reçoit des Anglais tous les témoignages d respect que mérite son héroïque valeur.

EXPLOITS DU CAPITAINE SEGOND.

Commandant la frégate la *Loire*, le capitain Segond faisait partie d'une escadre envoyée pou exécuter une descente en Irlande. On n'en étai plus qu'à huit lieues, lorsqu'on fut attaqué pa une division ennemie forte de trois vaisseaux d ligne et de quatre frégates. Dans cet engagement Segond se comporta avec la plus grande valeu et ne laissa prendre à ses adversaires aucun avan tage sur lui. Quand ceux-ci eurent cessé leur feu Segond profita de ce repos pour réparer les avarie qu'il avait souffertes. Bientôt après, il vit un vai seau rasé se diriger sur lui ; loin d'éviter le com bat, notre marin l'accepte avec intrépidité ; et quoique ses voiles soient d'abord criblées, il mal traite si fort son ennemi, qu'il parvient à s'en débarrasser et à opérer sa retraite. Deux combat aussi dangereux l'autorisaient suffisamment retourner en France ; mais il n'était pas homm à renoncer aussi aisément au débarquement qu'on lui avait prescrit. Comme il se prépare à l'opérer il est chassé par trois bâtiments ennemis ; et l'ha bileté de sa manœuvre le dérobe à leur poursuite Le lendemain, à huit heures, deux nouveaux bâtiments se présentent, l'un d'eux portait cinuante canons. Segond élude leurs attaques jus-u'à deux heures après midi ; il perd alors ses eux mâts de perroquet et voit la corvette le *Kan-arou* se joindre à ses deux adversaires. A quatre eures, il est attaqué par cette corvette ; il la ombat en faisant sa retraite ; et, bien que forte-ment incommodé par elle, il la démonte de son etit mât de hune.

Cependant, les deux autres vaisseaux anglais 'avançaient à toutes voiles ; à l'entrée de la nuit, ls n'étaient plus qu'à une fort petite distance du capitaine Segond. Celui-ci en voit un, au point u jour, sur l'arrière de son navire et presque à ortée de canon ; peu après, le combat devient névitable et s'engage à la portée du pistolet. S'a-percevant, au bout de plusieurs heures et après voir perdu ses trois mâts de hune, que l'ennemi 'a que fort peu souffert, Segond, pour sortir l'une position où sa perte était certaine, manœu-vre de manière à faire croire qu'il va succomber ; on adversaire, trompé par cette feinte, se dirige ussitôt sur lui ; alors le capitaine français le me-nace de l'abordage ; l'anglais pour s'y dérober lui présente sa poupe ; et le français, qui a réservé sa bordée pour ce moment, la lâche avec tant de précision, qu'il abat à l'ennemi son mât de hune, le contraint de prendre la fuite et le pour-suit en le canonnant toujours jusqu'à ce qu'il l'ait vu hors d'atteinte. Notre brave marin acheta ce succès par les avaries les plus dangereuses : ses voiles étaient en lambeaux ; son navire était criblé par les boulets ; il ne lui restait que ses mâts principaux, et encore étaient-ils percés sur plusieurs points. La nuit suivante, le vent souffla avec tant de fureur, qu'on ne put remédier à aucune de ces avaries ; et, dès le point du jour, deux bâtiments anglais vinrent fondre sur notre malheureuse frégate : c'était le *Kangarou*, que la *Loire* avait déjà combattu, et un vaisseau rasé nommé l'*Anson*. Tous deux attaquent notre brave capitaine, qui combat en désespéré durant une heure et un quart. Alors, il voit sa frégate totalement démâtée, la roue du gouvernail brisée en morceaux, six pieds d'eau dans la cale, le pont encombré de morts et de blessés et les munitions entièrement épuisées. Réduit à cette extrémité, il consentit à se rendre, convaincu que cinq combats si glorieusement soutenus, et six jours d'une lutte héroïque, avaient assez dignement soutenu l'honneur de son pavillon, pour qu'on ne l'accusât pas de l'avoir trahi.

La France et l'Angleterre partagèrent cette opinion : les vainqueurs de notre valeureux marin furent les premiers à rendre noblement témoignage à l'intrépidité de sa conduite, et le jury militaire auquel elle fut déférée par le gouvernement français, donna au brave Segond tous les éloges qu'avait mérités son grand cœur.

ÉTONNANTE VICTOIRE DU LIEUTENANT DE VAISSEAU, EDMOND RICHER.

Edmond Richer, lieutenant de vaisseau et commandant la *Baïonnaise*, corvette de vingt canons de huit, revenait de Cayenne où il avait été envoyé par le gouvernement. Il n'était plus qu'à trente icues des côtes de France, lorsque, le 14 décembre 799 il fut chassé par l'*Embuscade*, frégate an-laise de quarante-deux bouches à feu de vingt-uatre, de dix-huit et de six. Ce fut en vain que ticher essaya d'éluder l'attaque d'un ennemi dont es forces l'emportaient si fort sur les siennes ; il fut bligé d'en venir à une action qui se maintînt du-ant trois heures, sans que la victoire se fût pro-oncée pour aucun des deux partis, tant la bra-oure et l'habileté des Français savaient suppléer l'infériorité de leur navire ! Le capitaine de *'Embuscade*, brûlant de décider en sa faveur cette utte périlleuse, se rapproche de notre corvette usqu'à la portée du pistolet, et menace de l'attaquer antôt par l'avant, tantôt par l'arrière. Ecrasée par a supériorité de l'artillerie ennemie, la *Baïon-aise* sent qu'il lui est impossible de continuer lus long-temps un combat si désavantageux ; son apitaine en est convaincu, et cédant aux vœux le son équipage, qui demande à grands cris la fa-ulté d'aborder : « Mes amis, répond-il, je compte assez sur votre bravoure et sur votre attache-ment à la patrie pour me rendre à vos désirs. » Ces paroles sont accueillies avec des transports de oie ; impatient d'en venir aux mains avec les enne-mis, chacun s'est jeté sur les piques, les haches, es pistolets, et se tient prêt à sauter sur l'*Em-buscade*. Inutilement le capitaine de cette fré-gate veut-il y mettre obstacle ; les deux navires rencontrent, se heurtent et vont procurer aux Français l'occasion d'exécuter leurs généreux des-seins, quand, ébranlé par les boulets qui l'ont atteint et renversé par le choc des deux vaisseaux, un des mâts de la *Baïonnaise* tombe sur le gaill lard d'arrière de l'*Embuscade*. « A bord, mo « amis! s'écrie aussitôt Richer, c'est un pont qu le sort vous présente. » En effet, nos marins, mett tant à profit la chute de leur mât, s'en serven comme d'un pont, passent sur le bâtiment ennemi malgré une grêle de balles que les Anglais fon pleuvoir sur eux. Arrivés à bord de l'*Embuscade* ils ont bientôt renversé le rempart de piques op posé à leur intrépidité, et ils attaquent avec un ardeur toujours nouvelle les passavans et le gail lard d'avant où les ennemis se sont retranchés. Un vive fusillade s'engage alors entre les deux partis et, des deux côtés, on se signale par des prodige de valeur. Ce ne sont pas seulement les officiers et les matelots français qui se couvrent de gloir en rivalisant d'efforts pour consommer la captur de l'*Embuscade ;* les mousses de la *Baïonnaise* dé ploient aussi le plus grand courage. L'un de ce enfants, nommé Marie Richard, qui était à pein âgé de douze ans, voit tomber son officier; sou dain il s'empare d'un pistolet; il saute à bord d l'ennemi, et ajustant le soldat qui a porté le cou dont cet officier vient de périr : » Tu n'en tueras « pas d'autres, s'écrie-t-il, et mon maître es « vengé! »

Cependant, les Français, ne voyant que deux étroits passages pour arriver à leurs ennemis, s'y élançaient avec impétuosité depuis une demi-heure et en étaient d'autant plus aisément repoussés, que ces passages, barricadés avec soin, étaient défen dus avec toute l'obstination du désespoir. Enfin après un affreux carnage, les deux passages fu nt emportés, et les Anglais posèrent les armes. A peine nos intrépides marins ont-ils ainsi mis sceau à leur triomphe, que le reste des mâts de *Baïonnaise* tombe à la mer. La plupart des Franis passèrent alors sur l'*Embuscade* et rentrèrent ns la rade de Rochefort en traînant à la remore leur propre navire.

MORT DU CAPITAINE LEJOILLE.

Le capitaine Lejoille, commandant le navire le *énéreux*, avait été chargé de porter à Corfou un rps de troupes de mille hommes, ainsi que des vres et des munitions. Comme il ignorait si les urcs s'étaient emparés de cette place, il conçut le ojet de relâcher à Brindes. Obligé d'employer force pour pénétrer dans la rade, il attaqua un rt qui en défendait l'entrée et qui se rendit au out de deux heures. Peu d'instants auparavant, brave Lejoille avait été emporté d'un coup e canon, et jouit ainsi du rare bonheur d'avoir ndu le dernier soupir presqu'entre les bras de la ctoire.

CROISIÈRE ET CONQUÊTES DU CAPITAINE LANDOLPHE.

Le 16 mai 1799, le capitaine Landolphe (1) artit de Rochefort à la tête d'une division de trois égates, la *Concorde*, la *Médée* et la *Franchise*, u'on avait pourvues de provisions pour six mois.

(1) C'est le même dont il a été question, et dont l'établissement en Afrique avait été ruiné par les Anglais en 1792.

Il alla d'abord croiser durant quelques jour l'ouest des îles Açores, et il prit dans ces parap un navire anglais armé de vingt canons, allan Surinam, et chargé de chevaux et de provisio Des femmes, qui s'y trouvaient, reçurent des vres et furent transportées par son ordre sur vaisseau danois.

Ensuite, il alla attérir au Cap-Blanc, entre Canaries et le Cap-Verd, d'où il fit voile po le Sénégal en suivant le cours du fleuve qui po ce nom. Lorsqu'il en eut atteint l'embouchure reçut la visite de M. Blanchot, commandant fort Saint-Louis. Le lendemain, il débarqua un tachement de cent vingt hommes, qu'il amen pour cette colonie, et procéda à faire passer da le fleuve le bâtiment qu'il avait capturé. Ce rendait cette opération difficile, c'étaient les ba res qui obstruent l'entrée du Sénégal et au-del desquelles il fallait que la prise parvînt. Un pilo du pays se chargea de ce travail : il ordonna d'ôt les canons dont ce vaisseau était armé, les mâ dont il était couvert, les objets pesants qui le le taient. Il en fit fermer et calfater les sabords po que l'eau n'y pénétrât point. Quand toutes c précautions eurent été prises, ce bâtiment fut r morqué par les chaloupes. Arrivé près de la barre il fut incliné et puis tiré dans la rivière, à une lieu de l'embouchure. Là, il fut armé de tous ses ca nons et il reçut un détachement ; en sorte que le Anglais, qui, ignorant ce point de défense, vin rent quelque temps après attaquer la colonie, vi rent leurs chaloupes foudroyées et coulées à fon par une si formidable batterie.

De la rivière de Sénégal, le capitaine Landolphe dirigea vers l'île de Gorée, dont il se proposait s'emparer; mais il la trouva au pouvoir du ca- aine Renaud. Ce corsaire français, à la tête de équipage, s'était frayé un chemin à travers des hers que l'on avait cru jusqu'alors impratica- s; il avait attaqué à l'improviste le gouverneur glais, et l'avait contraint à capituler. Le com- ndant de nos frégates, s'étant approvisionné au dans la rade de cette île, cingla vers celle du p-Verd, où il savait qu'étaient réunis plusieurs vires anglais. Il arriva au coucher du soleil sur rade de la Praya, où se trouvaient quatre vais- ux anglais et un portugais. Comme nos frégates aient fait précéder d'une corvette de dix canons s pavillon américain, on les crut de cette na- n, et le commandant de la place les salua de gt coups de canon. Elles lui rendirent sa poli- se, et virent bientôt venir sur leur bord les atre capitaines anglais, que l'on arrêta aussitôt leur apprenant qu'ils étaient sur des navires nçais. En même temps, M. Landolphe s'empara s cinq bâtiments mouillés dans la rade; il mit sur acun trente hommes et un officier, il en coupa câbles et les conduisit à trois lieues au sud de e. Ensuite il débarqua deux cents hommes pour rendre maître de l'établissement portugais, mais e batterie placée dans des gorges de montagnes avorter cette entreprise.

Cependant rien n'égalait la désolation des capi- ines dont les vaisseaux venaient d'être capturés; Portugais surtout était au désespoir : son bâti- ent, d'ailleurs, vieux et à demi-pourri, ne lui appartenait pas; il allait être forcé d'en rembou ser la valeur, et il serait ainsi réduit, dans sa vi lesse, à vivre, avec une nombreuse famille, d une affreuse indigence. Le capitaine français ému de ses plaintes, et lui restitua son vaisse Quant aux capitaines anglais, il leur donna ce des quatre autres navires sur lequel il firent tom leur choix; il les pourvut abondamment de to les vivres nécessaires, et ne leur imposa que l'ol gation de vendre ce bâtiment tant à leur pro qu'à celui de leurs équipages, et de ne servir co tre la France qu'après avoir été échangés. Enfi à leur départ, il leur délivra un passe-port où ét spécifié tout ce qui devait assurer leur tranquilli De là les marins français se rendirent à l'île de T mara, où ils capturèrent quatre bâtiments angla en naviguant vers l'embouchure de la rivière Sierra-Leone, ils enlevèrent après un léger co bat, une corvette de la même nation; et, à minu près du banc de Sainte-Anne, ils s'emparèrent quatre navires appartenant encore aux Angl Ils traitèrent les capitaines de ces différentes pri avec autant de générosité que ceux dont ils avai capturé les vaisseaux dans la rade de la Praya; après leur départ dans le bâtiment qu'ils avai choisi, on distribua aux frégates les muniti qui se trouvaient sur les autres et on brûla ces d niers comme ceux dont on s'était emparé préc demment.

En cinglant vers le cap des Palmes, M. Land phe chassa, près de Seskron, un fort navire à tr mâts, qui, pour échapper à toutes poursuit alla s'échouer sur un banc de roches qui tem

ṣsque à la terre. Les canots et les chaloupes de
division française allèrent l'attaquer et le prirent
l'abordage, malgré les cinquante hommes et les
ngt-deux canons qui le défendaient. On le déga-
a des écueils. Il se trouva sans avaries, et on le
nsforma en hôpital embulant à la suite des fré-
tes.

Après avoir longé la côte des Dents jusqu'à la
vière Saint-André, on donna la chasse et l'on
it trois grands navires, portant chacun de vingt
trente pièces de canon. En attérissant au cap
aho, l'on captura encore deux bâtiments anglais.
On mit sur l'un d'eux tous les prisonniers, on
ur donna des vivres et on les renvoya en Angle-
rre. Plusieurs autres vaisseaux furent encore
nlevés sur cette côte. Quatre cents nègres, trou-
és successivement à bord de ces différentes prises,
rent embarqués sur un fort navire et envoyés
u gouverneur de la Guadeloupe, auquel ils par-
inrent heureusement.

Arrivé dans la rade de Sama, M. Landolphe y
ta l'ancre d'après l'invitation qui lui en avait été
dressée par le gouverneur du château hollandais
e la Mine. Cet officier reçut parfaitement les
rançais; il les combla d'égards et de prévenances;
leur prodigua les vivres et les rafraîchissements;
nais il refusa de seconder leurs desseins contre
établissement formé par les Anglais au Cap-Corse,
t donna par écrit acte de ce refus. M. Landolphe
emit donc à la voile pour le royaume d'Owhère
ù il voulait s'assurer si quelque colonie euro-
éenne occupait les terres qu'il y avait achetées.
Pendant ce trajet, deux navires anglais et un por-

tugais tombèrent en son pouvoir. Il arma le dernier en canonnière, et le garnit de quatre pièces de dix-huit, pour entrer aisément dans le fleuve Formose et se saisir des bâtiments qui s'y rencontreraient.

Parvenu à l'entrée de ce fleuve, il mouilla en dehors des barres, et aperçut de là le pavillon français flottant toujours sur le théâtre de ses prospérités et de ses malheurs. Il s'embarqua sur la canonnière avec ses deux lieutenants et quatre-vingts hommes; il s'avança au-delà des barres, et vit venir à sa rencontre, dans une pirogue portant pavillon français, neuf nègres qui avaient été ses garçons de comptoir, et qui en le reconnaissant éclatèrent en transports d'allégresse. Il leur demanda des nouvelles du prince Boudakan et de deux autres nègres auxquels il était redevable de quelques services; il apprit que tous les trois étaient morts : l'instruction que le prince Boudakan avait reçue en France avait causé sa perte, et cet infortuné était mort empoisonné. M. Landolphe descendit au village voisin; il en visita le commandant. C'était un neveu du roi d'Owhère; il accueillit les Français avec la plus grande distinction, et les informa que quatre bâtiments anglais à trois mâts et de douze à seize pièces d'artillerie étaient mouillés à douze lieues, dans la rade de Régio. Le capitaine français y envoya un de ses lieutenants avec sa canonnière, et, le surlendemain, il vit revenir l'un et l'autre lui amenant les quatre navires anglais. M. Landolphe les livra aux flammes, après avoir rendu la liberté aux équipages et avoir donné au roi d'Owhère et à quelques autres habitants du pays, trois cents esclaves nègres qui étaient à bord de ces quatres prises. Ensuite il embarqua sur ses frégates, avec les provisions que le chef du village lui avait envoyées, celles qu'il devait à la générosité du roi d'Owhère et qui consistaient en une centaine de volailles, vingt-quatre moutons et deux bœufs. Enfin, il vogua vers l'île du Prince, avec l'intention de l'enlever aux Portugais.

Dès qu'il y fut arrivé, il débarqua deux cents hommes dans une anse qui n'était défendue que par deux pièces d'artillerie, pendant que les frégates mouillaient en ligne de bataille sous les forts Saint-Antoine et Sainte-Anne; le premier était armé de deux batteries de quarante pièces en bronze et de gros calibre, trois cents soldats européens en formaient la garnison. Etonné du mouvement des frégates et de leur position hostile, le commandant de l'un des forts leur en demanda le motif. M. Landolphe répondit qu'il venait d'en instruire par une lettre le gouverneur général de l'île. Cette lettre contenait une sommation de rendre la place avec toutes ses dépendances, et la promesse de respecter la liberté, la sûreté, les propriétés, la religion, les coutumes, etc, des habitants; de laisser leurs armes aux officiers et leurs havresacs aux soldats. Les chefs des troupes débarquées n'avaient ordre d'agir que dans le cas où un coup de canon et l'explosion de trois fusées les avertiraient du rejet de cette capitulation. Un tel avertissement ne fut pas nécessaire : le gouverneur ayant pris l'avis de son conseil, accepta ces conditions, donna en ôtage quatre des principaux habitants et, le lendemain, livra la ville, les forts et tout ce qu'ils contenaient. En prenant possession de sa conquête, M. Landolphe apporta toutes les précautions nécessaires pour empêcher que ses marins ou ses soldats ne troublassent la paix publique : il fixa un tarif d'après lequel il achetait et payait comptant toutes les provisions dont il avait besoin, et qui lui furent fournies en abondance. Toutefois, il profita de l'heureux succès de cette expédition pour s'emparer d'un grand nombre de bâtiments ennemis : en effet, dès qu'il en apercevait un, il arborait sur les forts et sur ses vaisseaux le pavillon portugais; les navires portugais ou anglais, qui ignoraient l'occupation de l'île, entraient sans défiance dans la rade; aussitôt, la canonnière française passait derrière eux, leur tirait un coup de canon, et hissait le pavillon de son gouvernement; les forts en faisaient autant; et les vaisseaux ennemis, se trouvant par là entre deux feux et ne pouvant revirer de bord, étaient obligés de se rendre. La totalité des prises que le capitaine Landolphe fit de cette sorte, servit à récompenser les services rendus à sa personne ou à son escadre, mais ce fut toujours avec l'approbation de ses officiers.

Cependant, s'apercevant des ravages que les maladies exerçaient parmi ses marins, il résolut d'abandonner l'île du Prince. Ayant donc approvisionné son escadre, il proposa à l'ancien gouverneur de lui restituer la ville et les forts dans l'état où il les avait trouvés; il ne mettait à son départ d'autre condition que le paiement de huit cents onces d'or. Le gouverneur, qui s'était d'abord récrié contre des prétentions aussi exorbitantes, céda à la crainte d'entendre proclamer l'émancipation des esclaves et fit solder la contribution exigée. Alors M. Landolphe invita à dîner pour le lendemain les capitaines et les officiers de sa division ; mais, au lieu de faire servir à terre ce repas comme tout le monde s'y attendait, il fit battre la générale dès quatre heures du matin, embarqua toutes ses troupes et tous ses marins, avant que ceux-ci se doutassent de son projet, ordonna de transporter à bord le dîner déjà tout préparé ; et, quand il eut vu partir tous ses gens, il alla les rejoindre.

Les Portugais rentrèrent alors dans tous leurs droits, et comblèrent de remerciments notre sage et prudent marin, qui les avait ainsi préservés du pillage dont ils avaient été menacés par quelques officiers déserteurs de différentes nations et embarqués sur les frégates comme faisant partie des troupes de débarquement.

Ayant quitté l'île du Prince, M. Landolphe alla croiser d'abord près de l'île Sainte-Hélène, ensuite en divers parages de l'Amérique. Partout il continua de faire éclater autant de générosité que de modération dans la victoire, que de courage dans les combats, et il ne perdit aucune des occasions qui se présentèrent d'augmenter le nombre de ses captures. Aussi, après trente-six ans consacrés à la gloire de notre marine, cet intrépide et habile capitaine put-il se vanter d'avoir enlevé aux ennemis de la France soixante-quatre vaisseaux, et de leur avoir coulé bas huit cent trente canons : pertes immenses, qui causèrent la faillite de huit des plus riches armateurs de Liverpool et de Bristol, et dont la valeur, au jugement même des Anglais, s'éleva à près de quarante-cinq millions de francs.

GLORIEUSE DÉFAITE DU LIEUTENANT BIGOT.

Le lieutenant Bigot commandait la frégate *la Seine* et ramenait à Lorient un détachement de six cent dix hommes qu'il avait pris à l'île de France. Déjà il apercevait les côtes de la Bretagne, lorsque trois gros navires anglais, le *Jason*, la *Pique* et la *Mermaid*, s'avancèrent sur lui et manœuvrèrent pour lui couper la route de Lorient. Bigot cingla aussitôt du côté de Rochefort, afin de gagner le Pertuis-Breton. Chassé toute la journée, il ne désespérait pourtant pas d'arriver avant la nuit au Pertuis où il tendait. Mais, parvenu à la hauteur de l'Ile-Dieu, il eut connaissance d'une nouvelle division de frégates anglaises, qui, mouillées entre l'île et la côte, se couvraient de voiles pour lui fermer toute retraite. Alors il tint la haute mer et fut atteint par le *Jason*. Le combat commença entre eux à dix heures du soir. Le vaisseau français eut d'abord tout l'avantage, et réussit à mettre le feu à bord de son adversaire. Celui-ci, afin de l'éteindre céda la place à la *Pique*, dont l'intrépidité ne put tenir contre les deux premières bordées de notre brave lieutenant. Le *Jason*, débarrassé des craintes que lui avait causées l'incendie de son bord, vint affronter une seconde fois les canons de la frégate française ; il n'en fut pas mieux traité que lors de son premier combat, et il se trouva fort heureux que la

Pique le vint secourir. Mais, pendant que l'intrépide Bigot lutte contre ces deux frégates réunies, il s'aperçoit que la *Mermaid* accourt pour les renforcer. Hors d'état de tenir contre ces trois adversaires réunis, il s'échoue à une heure et demie du matin sur les côtes de la Vendée, près d'un lieu nommé le *Grouin de la Tranche*. La *Pique*, le *Jason* et la *Mermaid* vont successivement prendre terre au même endroit et continuent le combat avec l'acharnement le plus meurtrier. Celui que déploie Bigot ne le cède en rien au leur; à une heure du matin, il a fait taire l'artillerie de la *Pique*, et il ne cesse de tirer que lorsqu'il ne lui reste plus que trois canons en état de servir, lorsque tous ses mâts sont brisés, lorsqu'il a neuf pieds d'eau dans la cale de son navire, lorsque toutes ses poudres sont submergées et que la moitié de son équipage est hors de combat. Alors seulement il amène son pavillon, passe sur l'un des vaisseaux ennemis, et est transporté en Angleterre, où son éclatante valeur reçoit toute la justice et tous les hommages qui lui sont dus.

BEAU COMBAT DU LIEUTENANT SÉNEQUIER.

Parti de Livourne pour porter en Egypte des dépêches et quelques passagers, le lieutenant Sénequier, commandant le brick le *Lodi*, rencontra, le 4 juillet, 1799 vers les dix heures du soir, l'*Aigle*, brick de la marine anglaise, qui lui était infiniment supérieur en force. Bientôt les deux bâtiments furent si voisins l'un de l'autre que leurs manœuvres se touchaient. Alors commença entre eux un feu terrible de mousqueterie, dans lequel tout l'avantage fut du côté du *Lodi*, car les officiers passagers qu'il avait à bord s'étaient joints à son équipage; et, armés de leurs fusils, ils portaient le ravage parmi les défenseurs du navire anglais. Celui-ci tenta deux fois, mais inutilement, de lancer une partie de ses gens sur le brick français, et le brick français, qui essaya aussi la même manœuvre, n'y fut pas plus heureux que son adversaire. Cependant le feu continuait toujours de part et d'autre, et il se prolongea jusqu'après minuit. Alors l'*Aigle* cessa tout à coup de tirer. Sénequier, qui croyait que les ennemis manquaient de munitions, leur cria de se rendre; mais ceux-ci ne lui répondirent qu'en recommençant leur feu avec plus de vivacité que jamais. Toutefois ils mettaient tout en usage pour gagner le large, et une bordée qu'ils reçurent du *Lodi* leur abattit le mât de misaine et le grand mât de hune. Ne pouvant alors se sauver qu'en recourant à la rame, ils cessent leur feu pour mettre en mouvement les avirons. Sénequier, malgré le triste état où se trouvaient aussi les manœuvres de son bâtiment, poursuivit celui de ses adversaires jusqu'à ce qu'il l'eût vu sur les côtes neutres de la Toscane et sous le canon d'un fort, où il ne lui était pas permis de l'attaquer. Il l'y laissa donc; et, satisfait de la gloire qu'il s'était acquise, il continua sa route, après avoir réparé ses avaries.

DERNIER COMBAT DU CHEF DE DIVISION PERRÉE.

A la tête d'une division composée d'une frégate,

de deux corvettes et d'une flûte, Perrée partit de Toulon, le 10 février 1800, pour aller porter à Malte trois mille hommes de troupes et une abondante provision de vivres et de munitions de guerre. Chemin faisant, il attaqua, prit et coula à fond un grand nombre de bâtiments anglais. Retardé par les vents contraires, il n'arriva que le 18 en vue de l'île de Malte, et il se promettait d'y entrer le même jour ; mais tout à coup vint se montrer à lui une escadre anglaise de quatre vaisseaux de ligne et de plusieurs frégates. Son premier soin fut de faire virer de bord et prendre chasse à ses deux corvettes et à sa flûte, pour qu'elles ne tombassent point au pouvoir des ennemis. Tranquille de ce côté, il chercha, avec sa frégate, à éviter un combat qui ne pouvait que lui être fatal contre des forces si supérieures. Mais, sa manœuvre n'ayant pas réussi à le dérober à l'escadre anglaise, il commença lui-même l'engagement et attaqua le navire le *Foudroyant*, monté par l'amiral Nelson. Bientôt les trois autres bâtiments ennemis se réunirent au *Foudroyant* et rendirent le combat tout-à-fait inégal. Néanmoins, Perrée et ses intrépides marins ne se découragèrent pas et soutinrent avec une héroïque valeur l'honneur de leur pavillon. Bien qu'il eût été blessé à l'œil gauche dès le commencement de l'action, le commandant français n'abandonna pas son banc de quart, et il continua d'y donner ses ordres avec autant d'impassibilité et de sang-froid que s'il n'eût reçu aucune atteinte ni couru aucun danger. Ce fut là qu'un boulet de canon vint lui emporter la cuisse droite. Ce brave Français n'en persévéra pas moins dans sa généreuse défense, et eut le bonheur d'expirer avant d'avoir vu amener son pavillon. Peu d'instants après sa mort, sa frégate entièrement désemparée et démâtée fut contrainte de se rendre. Le 21 février, le corps du valeureux Perrée fut inhumé à Syracuse, dans l'église de Sainte-Lucie.

RÉSULTATS D'UN VOYAGE AUX TERRES-AUSTRALES.

Au sortir des discordes intestines qui l'avaient trop long-temps désolée, la France tourna ses pensées premières vers ces expéditions lointaines qui avaient répandu tant d'éclat sur elle, lorsque dans des temps meilleurs elle reposait calme et heureuse à l'ombre du trône de ses rois. C'était alors que des navigateurs, de glorieuse et héroïque mémoire, promenaient son pavillon des ports de l'Atlantique jusqu'à ceux de la mer Pacifique, de l'Océan Indien; et des points les plus méridionaux de l'hémisphère austral, jusqu'aux latitudes boréales les plus élevées. Alors de la Haye couvrait d'un lustre impérissable et son nom et celui de sa patrie par des exploits inouïs, par d'honorables revers, qui le rendaient respectable et aux peuples du Ceylan et au souverain de Golconde; alors Frézier traçait à tous les navigateurs à venir une route dont ses travaux avaient fait disparaître les dangers; Bougainville découvrait de nouveaux archipels dans des mers que des navires européens n'avaient point encore sillonnées, et il immortalisait des terres jusqu'alors inconnues, en leur léguant son nom et celui de son roi; Pagès, savant modeste et voyageur philosophe, après avoir fait le tour du globe, revenait raconter avec simplicité les mœurs et les usages des peuples dont il s'était rendu le concitoyen, afin de les mieux étudier; quittant leur patrie pour ne plus la revoir, Surville et la Pérouse, du milieu des périls qui les assiégeaient sans cesse, s'adressaient à elle pour lui apprendre ou d'utiles renseignements ou des découvertes importantes. Long-temps leur puissante voix, plus forte que les tempêtes qui cherchaient à l'étouffer, retentit à travers un espace immense jusqu'aux bords où leur retour était si impatiemment attendu, et tout à coup elle se tut, ne laissant plus entendre à l'oreille qui l'écoutait encore, que l'orageux fracas au milieu duquel leurs derniers accents s'étaient évanouis. Seul de cette génération d'illustres navigateurs, d'Entrecasteaux survivait encore, et, à la voix de son souverain, il vola sur les traces de la Pérouse; comme lui il rendit aux sciences de grands et signalés services; mais, il succomba comme lui sans avoir achevé sa glorieuse carrière.

Ces nombreuses et longues entreprises avaient ajouté de nouveaux pays à ceux qu'avaient découverts les navigateurs étrangers; elles avaient rectifié leurs observations, corrigé leurs erreurs, et une cinquième partie du monde, résultat de tant de recherches, avait, du sein des flots, surgi tout à coup aux yeux du géographe étonné. Toutefois, il y avait encore bien des points à vérifier, bien des doutes à éclaircir, bien des conjectures à constater; mais les circonstances ne permettaient plus de s'abandonner à ces soins; la France, veuve de son roi, privée de ses plus illustres enfants, ne pouvait plus s'occuper que de ses douleurs. Enfin, quand elle eut vu se calmer un peu ses cruelles alarmes, et ses longs chagrins s'adoucir, elle résolut de faire achever les découvertes commencées, et d'en connaître les avantages physiques et politiques.

Pour atteindre à ce but, les plans les plus sages furent tracés, les instructions les plus lumineuses et les plus précises furent données ; on choisit des géographes et des naturalistes remplis de zèle et de talents ; on leur fournit des vaisseaux, des vivres, des instruments de toute espèce ; et l'Angleterre elle-même, cette éternelle ennemie de la marine française, respectant l'honorable mission de ces pacifiques envoyés, leur ouvrit un libre passage à travers ses escadres. Tant de précautions et d'avantages obtinrent un résultat bien supérieur aux espérances qu'on en avait conçues : l'histoire, l'hydrographie, la géographie, la physique, la zoologie, la botanique, la minéralogie virent, par ce voyage, leurs limites beaucoup plus reculées qu'elles ne l'avaient été par aucun de ceux qu'on avait entrepris jusqu'à ce jour. Il suffira, pour nous en convaincre, d'énumérer sommairement les avantages qu'en ont retiré les principales de ces sciences.

La côte tant orientale que méridionale de la terre Diémen fut explorée et levée dans le plus grand détail ; les découvertes partielles et souvent mal connues, qu'on devait à d'anciens navigateurs, furent liées ensemble, corrigées et achevées ; on découvrit dans la Nouvelle Hollande plusieurs ports et canaux propres à recevoir de florissantes colonies. L'étendue de la terre Diémen fut augmentée de toute la prétendue grande île Tosman des navigateurs modernes, cette terre est une presqu'île. De même, les îles Schonten furent réduites à une seule ; il fut constaté que les deux autres étaient des presqu'îles, séparées par des isthmes bas et étroits.

Il fut reconnu que la Nouvelle-Hollande ne forme qu'une seule masse de terre et ne se compose pas d'une réunion de grandes îles. La partie de la côte sud qui unit la terre de Nuyts à la Nouvelle-Galles méridionale, fut découverte et l'on s'assura qu'aucun des deux grands golfes qu'elle offre n'ouvre un accès vers cette méditerranée qu'on supposait au centre de la Nouvelle-Hollande. On se convainquit aussi qu'il n'y avait point de canal d'ouverture derrière les archipels de Saint-François et de Saint-Pierre. Les côtes d'ouest et de nord-ouest, que les navigateurs n'osaient approcher qu'avec appréhension, furent explorées en détail. La baie des Chiens-Marins fut trouvée beaucoup plus étendue qu'on ne se l'était figuré d'après les anciennes cartes. M. Bailli, l'un des savants qui faisaient partie de cette expédition, remonta à vingt lieues dans la rivière Swan; mais ni cette rivière ni aucune autre ne continue de présenter le caractère des grands fleuves, quand on y pénètre seulement dans une espace de quelques lieues. La rivière Guillaume, dans la terre de Witt, fut aussi examinée assez soigneusement pour qu'on puisse assurer qu'elle n'ouvre point de route vers l'intérieur.

Des îles et une foule de récifs et de rochers

bordent ces rives inhospitalières, à travers lesquelles s'écoulent de petites rivières salées ; mais rien n'indique une ouverture dans cette étendue de côtes. De là résulte que la Nouvelle-Hollande est, quant aux parties qui ont été explorées, un vaste désert sans rivières ni détroits qui faciliteraient l'accès dans l'intérieur du pays. Souvent mentionnée par les voyageurs, l'île de Timor n'avait jamais été aussi bien explorée que par nos navigateurs.

Les rencontres, qu'ils ont eues avec les sauvages des différents pays qu'ils ont visités, font parfaitement connaître les mœurs de ces peuples, et sont racontées de manière à inspirer l'intérêt le plus vif et le plus soutenu.

Au rapport de l'un de nos savants les plus célèbres, tous les voyages anglais réunis n'ont point produit un aussi grand nombre de découvertes en histoire naturelle, que l'expédition qui nous occupe. La botanique a fait plus d'acquisitions qu'elle n'aurait pu l'espérer, après la perte de presque tous les botanistes qui avaient pris part à ce voyage. L'un d'entr'eux, M. Leschenault, avait même passé pour mort ; mais, revenu à travers mille obstacles et mille dangers, il rapporta une très-belle collection de plantes, d'insectes, de coquillages et d'objets de curiosité ; enfin, il sut naturaliser en France, ou du moins cultiver dans des serres chaudes, plus de deux cents végétaux de la Nouvelle-Hollande.

La minéralogie de cette partie du monde a une grande ressemblance avec celle du reste du globe ; néanmoins, M. Bailli, spécialement chargé des observations qui avaient pour but cette science, remarqua dans cette contrée beaucoup de choses intéressantes pour la géographie physique. La partie la plus brillante de ce voyage est sans contredit celle qui concerne la zoologie; la collection d'échantillons relatifs à cette branche, monte à plus de cent mille morceaux, parmi lesquels il s'en trouve quelques milliers d'espèces nouvelles. M. Péron, dont les travaux avaient cette science pour objet, s'est surtout signalé dans les découvertes qui ont rapport aux zoophytes et aux mollusques.

Tels sont les avantages nombreux qu'a offerts cette expédition envisagée sous le point de vue scientifique. C'est là ce que se sont empressées de reconnaître toutes les personnes qui se livrent à ces sortes d'études et ce qu'ont proclamé hautement les annales des voyages dans le compte qu'elles en ont rendu, et auquel nous avons emprunté la substance de ce court et rapide exposé. Mais, pour arriver à ce résultat, que d'ennuis, que de fatigues, que de périls ne fallut-il point essuyer! La discorde, qui éclata entre le chef de cette expédition et les savants qui en faisaient partie, livra ceux-ci à des souffrances de toute espèce. Tantôt délaissés sur de frêles embarcations, ils eurent à lutter contre des éléments en courroux; tantôt la faim, la soif, les maladies soumirent aux plus rudes épreuves leur patience et leur dévouement. Toutefois, ni leur zèle, ni leur intrépidité ne purent les garantir des funestes effets que devaient avoir tant de traverses; et, sur vingt-trois savants qui s'étaient embarqués, il n'en est revenu que quatre, sans compter ceux qui abandonnèrent les vaisseaux à l'île de France.

GLORIEUX COMBAT DU CAPITAINE BAUDIN.

Le capitaine Baudin revenait de la Martinique en France, où il ramenait une petite escadre composée de la frégate *la Topaze* et de quelques corvettes. Il vit pendant sa route une croisière anglaise forte de plusieurs vaisseaux et frégates, qui se mirent à sa poursuite. S'apercevant que sa marche, retardée par les corvettes qui le suivaient, favorisait les ennemis, il dispersa ses bâtiments afin de diviser les forces des Anglais, et prit ses précautions pour pouvoir secourir celles de ses frégates qui seraient attaquées, aussitôt qu'il en serait averti par le bruit du canon. A dix heures du soir, la *Topaze* se trouva dans le voisinage d'un vaisseau de ligne, qui, favorisé par le vent, la joignit le lendemain matin, et l'attaqua à neuf heures. Ces deux bâtiments combattirent quelque temps à une portée de fusil. Pour faire cesser cet engagement, le capitaine Baudin avait compté sur quelque avarie à bord de l'ennemi, ou sur un changement dans la direction du vent. Trompé d'abord dans l'une et dans l'autre de ses conjectures, il se préparait à en venir à l'abordage, et en avait même prévenu ses marins, qui lui avaient répondu par des applaudissements unanimes, quand il s'aperçut qu'il se formait une nouvelle brise. Aussitôt, notre habile capitaine oriente ses voiles et place son gouvernail de manière à profiter du vent dès qu'il se ferait sentir. Ayant réussi à exécuter cette ianœuvre, il envoie plusieurs bordées à son adersaire; il met toutes ses voiles dehors, et il est plus de deux portées de canon, que les Anglais e se sont pas encore orientés.

Le grade de capitaine de vaisseau récompensa habileté que ce brave marin avait montrée en ette rencontre.

AUFRAGE DE LA FRÉGATE FRANÇAISE LA MÉDUSE.

Partie de l'île d'Aix le 17 juin 1816 pour se rendre à otre colonie du Sénégal, où elle portait un nouveau ouverneur, la frégate française *la Méduse* passa ligne le 1er juillet; et, après avoir doublé le cap Barbas, elle voguait avec sécurité en longeant une ôte hérissée d'écueils. Vainement deux passagers qui ces parages étaient parfaitement connus reiésentèrent-ils qu'on allait être jeté sur ces écueils, u échouer tout au moins sur le banc d'Arguin. Leurs prédictions, loin d'être écoutées, ne leur ttirèrent que des moqueries. Le 2, à midi, l'on rit hauteur; M. Naudet, enseigne de quart, afirma que la frégate était sur le bord du banc d'Aruin; mais un officier ignorant, qui avait capté la onfiance de Le Roi de Chaumareys, capitaine de a *Méduse*, répondit qu'il n'y avait pas le moindre éril. Convaincu de la justesse de son opinion, M. Naudet fit sonder et trouva dix-huit brasses, et, bientôt après, six seulement. Ce résultat, joint aux observations que l'on avait faites sur la quantité de sable roulé par les vagues, sur le grand nombre des herbes et la multitude des poissons aperçus autour de la frégate, déterminèrent le capitaine à serrer le vent le plus près possible : malheureusement il était trop tard, et l'on fut bientôt averti par une secousse que la frégate avait touché. La consternation se peint alors sur tous les visages ; on s'attend à voir le bâtiment s'entr'ouvrir, et l'on travaille à le soulager. La mer était très-grosse, le courant très-fort, la confusion extrême, et la discipline sans vigueur par le peu de confiance qu'inspiraient les chefs. La perte de la frégate était certaine ; on convoqua un conseil pour aviser au moyen de sauver l'équipage ; le gouverneur du Sénégal dessina un radeau et proposa un plan qui aurait assuré la vie de tout le monde, mais ce plan ne fut pas adopté. Le 3, on fit des préparatifs pour quitter la frégate, qu'on tenta inutilement de dégager, parce qu'on n'y employa que des demi-mesures. On avait résolu d'embarquer sur le radeau et dans les canots des provisions de toute espèce et des pièces à eau ; mais la plupart de ces objets furent mal répartis ou laissés sur le pont de la *Méduse*, et jetés à la mer dans le tumulte de l'évacuation. On avait fait une liste d'embarquement, on n'y eut aucun égard et chacun pourvut pour soi au moyen de gagner la terre. Le plus grand nombre de ceux qui se trouvaient sur la frégate naufragée s'embarquèrent sur le grand canot, le canot major, celui du commandant, un autre canot, la chaloupe, la yole et un radeau. Il n'en resta que dix-sept à bord de la *Méduse* ; parmi ces derniers, les uns refusèrent de prendre place dans la chaloupe ; les autres, abrutis par l'ivresse, étaient hors d'état de songer à leur salut.

Les officiers qui commandaient les embarcasons, avaient juré de remorquer le radeau; le canot du gouverneur vint y jeter la première remorque; les cris de *vive le Roi!* s'élevèrent alors de tous les points du radeau, et un petit pavillon blanc y fut arboré au bout d'un canon de fusil. Mais ces tentatives en faveur des infortunés qui s'étaient fiés à cette frêle ressource, furent de courte durée. Le canot qui traînait le radeau à la remorque, étant seul pour exécuter cette pénible opération, y renonça bientôt, et cent quarante-huit personnes furent ainsi délaissées sur une machine dépourvue de garde-fous, de voiles, de mâture, et où l'on n'avait placé pour toute provision que quelques quarts de farine, cinq barriques de vin et deux pièces à eau. Au moment du départ, on y avait jeté vingt-cinq livres de biscuit, il tomba à la mer et en fut retiré ne formant plus qu'une pâte. Si peu de solidité avait été apportée à la construction de ce radeau, qu'il s'enfonça de deux pieds au moins dès qu'il eut reçu cinquante personnes; afin que les autres pussent y prendre place, on jeta à la mer tous les quarts de farine; malgré cette précaution, il s'enfonça de trois pieds sur l'avant; sur l'arrière on avait de l'eau jusqu'à la ceinture. Enfin, on y était tellement serré, qu'il était impossible d'y faire un pas. Ce fut dans cette situation que furent abandonnés cent quarante-huit Français. Comme ils s'étaient embarqués sans avoir pris de nourriture, la faim se fit bientôt sentir impérieusement; et, dès cette première journée, le biscuit fut entièrement épuisé. La nuit suivante, le vent fraîchit, la mer grossit considérablement et un grand nombre de passagers, peu habitués aux embarcations de cette espèce, tombaient les uns sur les autres. Quand le jour parut, on vit dix ou douze de ces malheureux qui, ayant les extrémités inférieures engagées dans les séparations que laissaient entre elles les pièces du radeau, n'avaient pu se dégager et y étaient morts; huit ou dix autres avaient été enlevés par les vagues. L'espoir d'être secourus soutint d'abord le courage de ces infortunés; mais, le jour s'étant passé sans réaliser leur attente, le découragement s'ensuivit et l'esprit de sédition ne tarda point à se manifester. Tandis que l'impuissance de se tenir sur l'avant ou sur l'arrière réunissait au centre tous les naufragés dont un grand nombre étaient étouffés par le poids de leurs camarades qui tombaient sur eux à chaque instant, les soldats et les matelots, à qui le vin avait fait perdre la raison, manifestèrent le dessein de se défaire de leurs chefs et de détruire le radeau. Un d'eux s'avança, une hache à la main, pour exécuter cette résolution, et il donna ainsi le signal de la révolte. Les officiers, auxquels beaucoup de sous-officiers et quelques passagers se réunirent, s'opposèrent à ces insensés; celui qui était armé d'une hache, osa les en menacer et fut tué d'un coup de sabre. Alors les révoltés tirèrent leurs armes; les officiers se mirent en défense et le combat allait commencer. Un des rebelles leva le fer sur un officier; il tomba à l'instant percé de coups. Intimidés par cette fermeté, tous les autres serrèrent leurs rangs et se retirèrent sur l'arrière pour y exécuter leur projet. Mais, pendant qu'un d'entr'eux, feignant de reposer, se sert d'un couteau pour couper les amarrages, les officiers, prévenus par un domestique, se précipitent sur lui et

jettent à la mer avec un de ses camarades qui a
oulu le défendre. Alors le combat devint général.
e mât, en se brisant, faillit casser la cuisse du ca-
itaine Dupont, qui resta sans connaissance. Saisi
t jeté à la mer par les factieux, il fut sauvé par les
fficiers qui le déposèrent sur une barrique. Mais
es rebelles l'en arrachèrent pour lu crêver les
eux avec un canif. Irrités par tant de barbarie,
es officiers chargent avec fureur les révoltés et
nissent par maîtriser leur rage : ces misérables
osent les armes et implorent un pardon qui leur
st accordé.

Ce calme ne dura qu'une heure : au bout de ce
emps, la guerre se ralluma plus violente que ja-
nais; les rebelles étaient en grand nombre; ils
ombattaient avec tant d'acharnement, qu'à dé-
aut d'armes, ils déchiraient par de cruelles
norsures le corps et les membres de leurs adver-
aires. Toutefois, les officiers et leurs partisants,
ien qu'ils ne fussent qu'au nombre de quinze,
'entendirent si bien et se défendirent avec tant de
aleur, qu'ils remportèrent la victoire. Au lever
u jour, on vit que les factieux avaient perdu soi-
ante-cinq des leurs; mais, pendant le tumulte, ils
vaient jeté à la mer deux barriques de vin et les
eux seules pièces à eau que l'on possédât. Il ne res-
ait en tout qu'une seule pièce de vin; on était encore
oixante-sept, il fallut donc se mettre à la demi-
ation. La disette devint bientôt si grande qu'on
ut obligé pour ne pas mourir d'inanition, de
ecourir à un de ces moyens extrêmes, dont la
eule idée, en toute circontance, eût fait horreur
à l'homme le plus dépravé. On se jeta sur des ca-

davres, on les coupa par tranches, et il y en eut qui les dévorèrent à l'instant. Ceux qui eurent assez de courage pour s'abstenir de cet horrible mets, reçurent une grande quantité de vin.

Cependant quatre jours s'étaient écoulés sans que ces malheureux eussent vu luire la moindre espérance de salut, et dix ou douze d'entre eux venaient encore de succomber à l'excès de leurs tourments. On leur donna la mer pour sépulture et l'on n'en réserva qu'un seul pour servir d'aliments à ceux qui survivaient. Le soir, vers les quatre heures, un banc de poissons volants se jeta sur le radeau. On en prit plus de trois cents, en rendant au ciel mille actions de grâces pour ce bienfait inespéré. Une once de poudre à canon qu'on avait fait sécher, quelques morceaux d'amadou, un briquet et des pierres à fusil, des morceaux de linge sec et les débris d'un tonneau procurèrent du feu. Le foyer fut établi sur les planches du radeau, recouvertes d'effets mouillés. On fit cuire des poissons; on en mangea avec avidité, mais on y joignit de ces viandes sacriléges que la cuisson avait rendues supportables. La nuit suivante fut marquée par de nouveaux massacres. Des Espagnols, des Italiens et des nègres, restés neutres dans la première révolte complotèrent de jeter à la mer les officiers. Le premier signal du combat fut donné par un Espagnol qui, placé derrière le mât, l'embrassait étroitement, faisait une croix dessus et invoquait le nom de Dieu, en brandissant un long coutelas. Les matelots le saisirent et le jetèrent à la mer. Les séditieux, accourus pour venger leur camarade furent repoussés, et tout rentra dans l'ordre. Six jours étaient à peine écoulés depuis le naufrage, et nos ifortunés Français n'étaient plus qu'au nombre de ente. Ils avaient perdu cinq de leurs plus fidèles arins; l'eau de la mer avait enlevé l'épiderme de urs extrémités inférieures et irritait les contuons et les blessures dont ils étaient couverts; en orte que vingt tout au plus d'entre eux étaient apables de se tenir debout et de marcher. Ils 'avaient plus de vin que pour quatre jours et il eur restait à peine une douzaine de poissons. Dans e courant de la journée, des militaires s'étaient lissés derrière la seule barrique de vin qui restât; ls l'avaient percée et ils buvaient avec un chalumeau. Tous les naufragés avaient juré que celui qui emploierait de semblables moyens serait puni de mort : cette loi fut mise sur-le-champ à exécution, et les deux infracteurs furent précipités dans les flots. Ainsi, il ne restait plus sur le radeau que vingt-huit personnes; sur ce nombre, quinze seulement paraissaient pouvoir exister encore quelques jours : tous les autres, couverts de larges blessures, avaient entièrement perdu la raison; cependant ils prenaient part aux distributions, et pouvaient, avant leur mort consommer quarante bouteilles de vin. On tint conseil : mettre les malades à la demi-ration, c'était avancer leur mort de quelques instants, les laisser sans vivres, c'était la leur donner tout desuite. Après une longue délibération, on décida qu'on les jetterait à la mer; résolution cruelle, mais que fera sans doute pardonner la nécessité de conserver ceux qui pouvaient vivre assez long-temps pour profiter des secours qu'on attendait; tandis que les malheureux dont on accélérait ainsi la fin, auraient toujours péri et fait périr avec eux tout le reste de leurs compagnons. Trois matelots et un soldat exécutèrent cet arrêt barbare. Après cette catastrophe, on se trouva de quoi passer cinq journées sur le radeau: elles furent les plus intolérables. Les caractères étaient aigris ; une soif ardente, redoublée par les rayons d'un soleil brûlant, dévorait tous ces infortunés; leurs lèvres desséchées s'abreuvaient avec avidité de l'urine qu'ils faisaient refroidir dans de petits vases de fer blanc. Ils passèrent ainsi trois jours dans des angoisses inexprimables ; ils méprisaient tellement la vie que plusieurs d'entr'eux ne craignirent point de se baigner à la vue des requins qui entouraient leur radeau ; ils commençaient à éprouver un dégoût invincible pour les chairs qui les avaient nourris jusque là.

Dans la matinée du 17 juillet, le capitaine Dupont aperçut un navire et l'annonça par un cri de joie : on reconnut que c'était un brick ; mais il était à une fort grande distance. La vue de ce bâtiment causa aux naufragés une joie difficile à dépeindre. Cependant des craintes vinrent troubler leurs espérances ; ils s'aperçurent que leur radeau avait fort peu d'élévation au-dessus de l'eau, et que le brick ne pouvait le remarquer d'aussi loin. Ils firent alors tout ce qui dépendait d'eux pour être aperçus. Ils redressèrent des cercles de barriques, aux extrémités desquels ils fixèrent des mouchoirs de différentes couleurs. Malgré tous leurs signaux, le brick disparut ; et, du délire de la joie ils passèrent à celui de l'abattement et de la douleur. Deux heures après, le maître canonnier de la frégate poussa un grand cri ; la joie était peinte sur son visage ; ses bras étaient étendus vers la mer ; il respirait à peine, et tout ce qu'il put dire, ce fut : « *Nous sommes* « *sauvés ; voici le brick qui est sur nous !* » et il était effectivement à un tiers de lieue, ayant toutes voiles dehors, et gouvernant à passer extrêmement près du radeau. Des larmes d'attendrissement coulaient de tous les yeux ; chacun se saisit de différentes pièces de linge pour faire des signaux au brick qui s'approchait rapidement. Leur joie fut au comble lorsqu'ils aperçurent au haut du mât de misaine un grand pavillon blanc. « C'est donc à des Français, s'écrièrent-ils, que « nous allons devoir notre salut ! »

Le bâtiment n'était plus qu'à deux portées de fusil ; l'équipage, rangé sur le bastingage, annonçait, en agitant les mains et les chapeaux, le plaisir qu'il ressentait de venir au secours de ses malheureux compatriotes. En peu de temps, ces derniers furent tous à bord de l'*Argus*. Qu'on se figure quinze infortunés presque nus, le corps et le visage flétris de coups de soleil. Dix de ces quinze pouvaient à peine se mouvoir : l'épiderme de tous leurs membres était enlevé. Tous avaient les yeux caves et presque farouches ; de longues barbes leurs donnaient un air encore plus hideux. Ils trouvèrent à bord de l'*Argus* de fort bon bouillon qu'on avait préparé dès qu'on les avait aperçus ; on y mêla d'excellent vin ; on releva ainsi leurs forces près de s'éteindre ; enfin, on leur prodigua tous les soins les plus attentifs et les plus généreux, mais qui ne purent empêcher que six de ces infortunés ne mourussent peu de jours après leur arrivée à Saint-Louis.

Quant aux autres embarcations qui avaient reçu le reste des marins et des passagers de la *Méduse*, voici quel avait été leur sort :

Le canot major et celui du commandant arrivèrent sans accident au Sénégal, d'où ils dépêchèrent sur-le-champ l'*Argus* au secours des autres naufragés.

La chaloupe, qui avait la dernière quitté la *Méduse*, eut connaissance de la terre d'Arguin avant le coucher du soleil; le 6, soixante-cinq hommes se jetèrent à l'eau et gagnèrent le rivage, qui n'était qu'un sable aride et brûlant. Une heure après le débarquement, on aperçut quatre embarcations; l'officier de la chaloupe les attendit, leur offrit de prendre du monde; mais leur défiance fut cause qu'elles rejetèrent cette proposition. Cependant, la mer, devenue forte orageuse, les contraignit les jours suivants à accepter ce refuge. Bientôt les courants portèrent à la côte toutes ces embarcations, et ceux qu'elles contenaient y arrivèrent à la nage. Après avoir suivi le rivage, s'être d'abord désaltérés avec une eau bourbeuse, puis avec du lait que l'on acheta à des Mauresses, les naufragés aperçurent l'*Argus* et en reçurent des vivres et de l'eau. Le 11, ils furent secourus par un capitaine marchand, irlandais, que suivaient des prêtres maures et des chameaux chargés de provisions. Le 12, ils parvinrent aux bords du Sénégal, et s'y embarquèrent sur des bateaux qui les portèrent à Saint-Louis. Dans cette troupe était un père de famille avec sa femme, trois grandes demoiselles et quatre petits enfants, dont un à la mamelle ; on avait loué à un prix exorbitant des ânes pour les faire voyager.

Les soixante-cinq hommes débarqués près d'Arguin eurent plus de fatigues à supporter ; ils traversèrent un espace de quatre-vingt-dix lieues dans le désert de Sahara ; ils perdirent quelques-uns de leurs compagnons qui périrent de misère, ou qui leur furent enlevés par les naturels du pays, et ils arrivèrent à Saint-Louis après une longue marche et de cruelles souffrances. Une partie de ceux que les naturels avaient emmenés y parvinrent aussi, lorsqu'ils eurent long-temps erré de peuplade en peuplade.

Enfin, le 26 juillet, on expédia une goëlette pour aller chercher les dix-sept hommes restés à bord de la Méduse. Cette goëlette, retardée dans sa marche par le mauvais temps, n'arriva à sa destination que cinquante-deux jours après le naufrage. Trois infortunés, à la veille de périr, furent encore trouvés sur la frégate. Pendant quarante-deux jours, eux et leurs compagnons avaient subsisté avec du biscuit, du lard, du vin et de l'eau-de-vie qu'ils avaient trouvés sur le navire.

Alors douze des plus résolus avaient construit un radeau, s'y étaient embarqués, et auront sans doute péri. Sur les cinq qui restaient, un se fit une espèce d'embarcation avec une cage à poules, et fut submergé à une demi-encablure de la frégate. Un des quatre qui survivaient mourut et fut jeté à la mer. Les trois autres auraient subi le même sort, si l'on fût arrivé deux jours plus tard. Ils occupaient chacun un endroit séparé, et n'en sortaient que pour aller chercher des vivres qui, dans

9

les derniers jours, ne consistaient qu'en un peu d'eau-de-vie, de suif et de lard salé; quand ils se rencontraient, ils couraient les uns sur les autres, et se menaçaient de coups de couteau. Les soins qui leur furent prodigués réussirent à leur conserver la vie

Quant au capitaine de la Méduse, il fut mis en jugement à son retour en France, et déclaré déchu de son grade et incapable de servir l'Etat.

VOYAGE DE M. CAMILLE DE ROQUEFEUIL, LIEUTENANT DE VAISSEAU.

Honneur au marin français qui, à la voix de son souverain, et fort des ressources prodiguées par un gouvernement généreux, va, loin des climats paternels, découvrir de nouveaux pays, ouvrir au commerce et à la politique des routes nouvelles, et étendre de plus en plus les conquêtes de la science! Pas un de ses concitoyens ne lui refusera le tribut d'admiration et d'éloges dont le rend digne une si belle entreprise, et son nom sera salué d'âge en âge par la reconnaissance et les applaudissements de l'équitable postérité. Mais, en rendant un éclatant hommage à ceux d'entre les officiers de la marine royale qui, avec autant d'intrépidité que de zèle, se sont acquittés de tant d'importantes navigations, nous ne paierons point d'un ingrat oubli les nobles tentatives qui, dans la même carrière, ont illustré les officiers de la marine marchande; nous nous garderons surtout de passer sous silence le voyage que l'un de ces derniers, M. Camille de Roquefeuil, exécuta autour du monde, depuis 1816 jusqu'en 1819.

Son but était de vérifier les relations de quelques navigateurs sur les côtes nord-ouest de l'Amérique; de recueillir des observations nautiques dont pussent profiter ceux qui, après lui, se hasarderaient dans ces parages; d'obtenir sur les habitants de ces lointaines contrées les détails échappés à ses prédécesseurs; enfin d'ouvrir dans la Chine de nouveaux débouchés au commerce, en s'y livrant sans faire sortir de la France la moindre portion de son numéraire. Un court exposé de ce voyage va nous montrer si tels en ont été les résultats.

Armé par M. Balgueric jeune, le *Bordelais*, navire à trois mâts et du port de deux cents tonneaux, reçut M. de Roquefeuil, le 16 octobre 1816, et mit à la voile de Bordeaux le 19 du même mois. Notre navigateur fut contrarié par les vents jusqu'au 8 novembre; il était alors arrivé entre les Salvages et Palma. Parvenu au 8e degré de latitude nord et au 27e degré 55 minutes ouest, il éprouva des calmes, des pluies et des orages fréquents. Le 29 au soir, il passa la ligne à 32 degrés 40 minutes de longitude ouest. Sous le 54e degré de latitude, il aperçut la première baleine; et, du 30 au 35e, il pêcha trois tortues pesant ensemble deux cents livres. Le 24 décembre, le calme le surprit sous le 40e degré de latitude sud, et le 56e de longitude ouest. Le 4 janvier 1817, il entra dans le détroit de Lemaire, et la variation des vents, leur violence, ainsi que la force des courants, ne lui permirent que difficilement de doubler le cap de Horn. Du 15 au 22 du même mois, de fréquentes et terribles tempêtes l'assaillirent continuellement. Le 2 février, le calme le contraignit à jeter l'ancre dans l'anse de Tunquen. Le jour suivant, il remit à la voile, et, le 5, il aborda à Valparaiso, dont le gouverneur, D. José de Villégas le reçut parfaitement.

Bientôt se répand la nouvelle que les Buénos-Ayriens, révoltés contre le roi d'Espagne, ont passé les Andes et s'avancent en vainqueurs. Ce récit, confirmé par les troupes royales mise en déroute, empêche M. de Roquefeuil de se défaire des marchandises qu'il avait embarquées pour le Chili, où règne la plus horrible confusion. Il s'en éloigne le 14 février, en emmenant un capitaine anglais avec quelques Espagnols qui lui avaient demandé un asile. D'utiles renseignements sur la ville de Valparaiso, sur le caractère de ses habitants, sur le commerce et les productions du Chili, enfin sur la révolution qui y renversa la domination espagnole, furent les seuls fruits que M. de Roquefeuil tira de son séjour sur cette côte. Après avoir été contrarié par des calmes fréquents, il parvint à Callao, le 27 février, et y reçut le meilleur accueil des autorités espagnoles. Le 1er mars, il partit pour Lima afin de se rendre à l'invitation par laquelle le vice-roi du Pérou avait répondu à la lettre qui lui avait été écrite par M. de Roquefeuil. Ce navigateur, qui avait visité les fortifications de Callao, examina soigneusement la route qui mène de cette ville à Lima. Comblé d'égards par le vice-roi, il obtint de lui la permission de vendre les objets qu'il avait à bord et de les remplacer par des denrées du Pérou. Mais les formalités qu'il fallut remplir, les délais qui lui furent imposés ne permirent point à M. de Roquefeuil de se rembarquer aussi promptement qu'il l'aurait voulu.

Il profita de ce séjour forcé pour visiter et décrire ce que la ville et les environs de Lima lui offrirent de plus curieux, et pour obtenir des renseignements sur le commerce des Russes, des Anglais et des Américains, sur les mœurs et les usages des habitants du Pérou, sur leur commerce et leur manière de vivre.

Enfin, le 30 mai, M. de Roquefeuil mit à la voile pour la Californie. Le 9 juin, il passa pour la seconde fois la ligne par le 95e degré de longitude, et il eut occasion de rectifier les observations faites par certains navigateurs sur les vents qui règnent dans cette partie de l'Océan équinoxial. Le 15, il s'aperçut que son vaisseau avait souffert quelques avaries qui, sans être dangereuses pour le moment, ne laissaient pas d'être inquiétantes à l'entrée d'une si longue campagne. La variation des vents, leur inertie et des calmes nombreux prolongèrent beaucoup la route du *Bordelais* sous un ciel triste et nuageux, qui ne s'éclaircit que le 4 du mois d'août. Alors le vent se leva vif et favorable, et le navire français vint mouiller dans la mer Vermeille à la baie de Hyerba-Buena, où il échoua au moment que l'on jetait l'ancre; mais la marée montante le remit heureusement à flot.

D. Gabriel Moriago, commandant par intérim le présidio, D. Manuel Gomez, sous-lieutenant d'artillerie, se montrèrent pleins d'obligeance à l'égard de M. de Roquefeuil. D. Gabriel lui accorda la permission de pourvoir aux besoins qui avaient déterminé sa relâche, et l'invita à se rendre au présidio. Le capitaine français, ayant tout disposé pour accélérer les travaux de son équipage, se rendit le 6, à l'invitation de D. Gabriel. Dans cette excursion, il vit et examina avec attention cette partie des côtes de la Californie, releva les inexactitudes échappées à Vancouver, dans la description de ce pays, fit connaissance avec le supérieur de la Mission de San-Francisco, duquel il reçut les offres de services les plus sincères, et il visita la mission qu'il fait connaître sous les rapports les plus avantageux. Le 7, il retourna à la Mission, dont le supérieur lui apprit le triste état où était réduit le commerce de la Californie, et le peu d'espérance qu'il devait fonder sur cette contrée pour le succès de son entreprise. Ce bon religieux ne le laissa repartir que lorsqu'il eut accepté une grande quantité de provisions qui furent encore augmentées par celles qu'apportèrent les soldats du présidio.

M. de Roquefeuil vit ensuite D. Louis Arguillo, commandant, qui mit à la disposition des Français tout ce qui pouvait leur être nécessaire. Cet officier espagnol confirma aussi tout ce que le supérieur avait affirmé sur la déplorable situation du commerce. Des détails circonstanciés sur l'intérieur du pays, sur la rivière du San-Sacramento qui l'arrose; sur les peuplades indigènes qui l'habitent, sur les oreilles-de-mer qu'on n'y trouve plus qu'en petite quantité, sur les loutres dont la peau était autrefois l'objet d'un trafic lucratif pour la Californie, sur les Kodiaques, sauvages de l'Amérique russe, qui ont exterminé tous ces animaux; sur l'industrie et les établissements des missionnaires;

sur les troupeaux de chevaux à demi-sauvages qu'élèvent les Californiens; enfin, quelques opérations commerciales, une assez bonne quantité de provisions et l'assurance de trouver à son retour dans ces contrées toutes les peaux de loutres qu'on pourrait réunir : tels furent les résultats de la première relâche que M. de Roquefeuil fit en Californie.

Il en partit le 14 du mois d'août pour se rendre à Noutka, sur la côte nord-ouest de l'Amérique. Le 27, se trouvant par le 45e degré de latitude du nord, et le 132e de longitude ouest, il éprouva un vent plus vif. Le 1er septembre, il aperçut la côte à quelques lieues dans l'ouest de l'entrée de Noutka; le 2, plusieurs embarcations de sauvages vinrent au-devant de lui, mais la brume l'obligea de jeter l'ancre avant d'avoir atteint l'anse des Amis, où il ne pénétra, le 5, qu'à l'aide des canots. La nuit suivante, les précautions de prudence, qu'exigeait la proximité des sauvages, ne furent point négligées : les officiers firent le quart comme à la mer, avec un pilotin et quatre hommes en faction devant et derrière; les filets d'abordage furent hissés, les canots chargés et une partie des armes disposées sur le pont. Le lendemain, la traite s'ouvrit par l'acquisition de quelques saumons très-beaux, de plusieurs autres poissons et de quatre belles peaux de loutre. Jusqu'au 17 septembre, la traite continua, et M. de Roquefeuil mit à profit ce séjour pour faire quelques observations préliminaires sur le caractère et les usages de ces Indiens. Leur chef suprême, Macouina, vint le visiter, lui vendit quelques fourrures, lui en donna quelques autres qu'il lui fit payer ensuite, et se montra, surtout dans sa dernière entrevue, mendiant, impudent et insatiable, comme l'a dépeint Vancouver. D'autres sauvages, qui ne reconnaissaient point l'autorité de Macouina, vinrent aussi trafiquer avec notre navigateur qui ne borna point là le but de son expédition : il fit encore réparer son navire; il prit des renseignements sur les communications que les Européens ont avec ces contrées et sur la chasse des loutres; il visita les côtes, remarqua les ressources et les dangers qu'elles offrent aux navigateurs, et en traça une description; il acquit des notions plus étendues sur la langue, le chant, les usages des indigènes, dont il éprouva tour à tour l'obligeance, le penchant au vol, la friponnerie; il fut frappé de leur malpropreté et de leur coquetterie sans égale; enfin les particularités qu'on lui transmit sur les repas de ces sauvages et la vue de quelques ossements humains, le portèrent à considérer ces peuples comme des antropophages. Il les quitta le 17 septembre et mit à la voile pour Nitinat, après avoir tiré d'eux la promesse de lui garder les peaux de loutre que produirait la chasse prochaine.

Sa navigation lui procura l'occasion de décrire ces parages, d'indiquer des points de reconnaissance utiles à ceux qui parcourent ces mers, de relever les inexactitudes de Vancouver et les erreurs de Méares. Le 24 et le 25, le navire faillit échouer, perdit un canot ainsi que sa meilleure baleinière, et parvint à mouiller dans un canal non loin de Nitinat, dont les Indiens vinrent avec leur chef visiter les Français et faire des échanges avec eux. La pluie, qui jusqu'alors avait été presque continuelle, ne tomba le 26, qu'à de longs intervalles. M. de Roquefeuil alla examiner deux bassins communiquant l'un à l'autre par un petit canal et avoisinant une aiguade. Jusqu'au 7 octobre, il s'occupa de rechercher la baleinière, un cable et une ancre, qu'il avait perdus ; à reconnaître et à décrire les passes qui séparent les îlots au milieu desquels il avait mouillé, et à rectifier les rapports qu'en avaient faits Vancouver et Méares ; il ne négligea pas non plus de noter dans son journal l'accueil amical et singulier qu'il reçut des Indiens, qui ne purent lui procurer que neuf peaux de loutre et six peaux d'ours ; il traça dans le plus grand détail le portrait de ces sauvages ; fit une ample moisson d'observations nautiques, non moins intéressantes pour le commerce que pour la marine ; et il mit à la voile le 7 octobre pour la Bodéga, où les Russes avaient formé un établissement. Il y arriva le 15, non sans avoir éprouvé la violence des vents. L'absence du gouverneur russe, qui était parti pour San-Francisco, lui interdit toute opération commerciale, et ne lui permit que de recueillir d'utiles observations sur le port de la Bodéga, sur les côtes voisines, et des renseignements sur les Kodiaques, seuls habitants de ces contrées. Il remit à la voile, le 16, pour le port du présidio, où il arriva le même jour. Presque tout le temps de cette relâche fut employé à réparer et à approvisionner le navire. Bientôt, il eut connaissance d'un complot tramé dans le but de massacrer tous les officiers du Bordelais et de s'emparer de ce vaisseau. Les circonstances obligèrent M. de Roquefeuil à fermer les yeux sur ce projet, qui, d'ailleurs, n'eut aucune suite, à cause de la désertion des deux principaux machinateurs de cette rébellion. Cependant, l'équipage du vaisseau français était loin de jouir d'une santé prospère; les malades furent reçus et se rétablirent à l'hôpital de la Mission.

Le 20 novembre vit M. de Roquefeuil faire voile du présidio vers les îles Marquises de Mendoça, que l'espagnol Alvaro Mendana découvrit en 1595. Jusqu'au 30e degré de latitude septentrionale, il éprouva des vents non moins violents que contraires.

Le 17 décembre, il passa pour la troisième fois la ligne équinoxiale sous le 130e degré 30 minutes de longitude ouest. Le 22, il commença d'apercevoir les Marquises, et, le 25, il mouilla dans le port Anna-Maria de l'île Nouhiva. Il y fut accueilli avec la prévenance la plus obligeante par deux américains des Etats-Unis, MM. Ross et Sowle; le premier, résidant depuis long-temps en ce pays, où il traitait pour les bâtiments qui venaient chercher du sandal; le second, capitaine du vaisseau la *Ressource*. Il obtint la même réception du vieux chef Kéatanoui et de tous les autres insulaires dont il vante la beauté et la force physique. Il fait le même éloge des habitants de l'île d'Ohévahoa où il fut avec M. Ross échanger des fusils et de la poudre pour des cochons et du bois de sandal. Cette expédition, toute pacifique qu'elle fût, ne laissa pas cependant de lui offrir bien des périls en le mettant en rapport avec des hommes perfides et antropophages qui avaient fait périr et avaient dévoré l'équipage d'un vaisseau anglais. Après cette expédition qui se prolongea depuis le 27 décembre jusqu'au 5 janvier 1817, et durant laquelle les sauvages faillirent enleverles embarcations française, M. de Roquefeuil fit réparer son vaisseau et sa baleinière. Il visita Hacahouï; il y trouva une caverne creusée par la mer qui s'y précipite et en fait sortir ses vagues par un soupirail avec un bruit semblable à la détonation d'une forte bouche à feu. Il décrit avec soin cette contrée, où on lui vola un tonneau de sandal et où il vit arriver des poètes sauvages venus de l'île d'Ohévahoa. Ces poètes, espèce de comédiens, partirent après avoir donné quelques concerts. Ce fut dans ce canton que M. de Roquefueil fut au moment d'être assassiné par un insulaire qui n'avait pu réussir à le duper.

Durant son séjour aux îles Marquises, ce capitaine ne négligea aucune des observations qui pouvaient être utiles ou nécessaires aux navigateurs dans ces parages; il obtint également les détails les plus circontanciés sur ces îles, sur leurs productions, sur la nature de leurs mouillages, sur le caractère, les mœurs et les coutumes des naturels.

Le 1er mars, M. de Roquefeuil mit à la voile; il aperçut les îles Masse et Chenal, peuplées par une colonie de Nouhiviens; il chercha aussi vainement que les autres navigateurs l'île Maria-Laxara; bientôt il perdit tous les animaux qu'il avait à bord et jusqu'à un mouton qu'il avait pris à son premier séjour en Californie; enfin, il mouilla à la Nouvelle Archangel, le 5 avril à quatre heures après midi. Il y conclut avec le gouverneur russse une convention d'après laquelle cet officier s'engageait à lui fournir, pour la chasse des loutres, trente bateaux et soixante chasseurs kodiaques, à condition que le capitaine français paierait deux cents piastres pour chacun des kodiaques qui perdraient la vie, et que les produits de la chasse seraient également partagés. Après avoir fait à son navire quelques réparations indispensables, M. de Roquefeuil mit à la voile pour l'île de Kodiack, où il devait embarquer les chasseurs qu'on lui avait promis, et il y arriva le 12 mai. Il s'y entendit fort bien avec le commandant russe, et prit diverses mesures utiles à son navire; la plus importante fut l'extirpation totale des rats qui avaient pullulé d'une manière effrayante. Ayant embarqué les hommes, les bateaux et les armes nécessaires à la chasse qu'il allait entreprendre, M. de Roquefeuil, qui avait pris sur l'île Kodiack tous les renseignements que lui permettait d'obtenir son ignorance de la langue russe, fit voile, le 1er juin, du port Saint-Paul; sa navigation lui fournit des observations utiles sur les dangers de certains courants, et, le 9, il arriva à l'île du Prince de Galles. Il y commença sur-le-champ la chasse des loutres, et reçut la visite de quelques Indiens avec lesquels il traita de l'échange des fourrures. Les échanges et la chasse continuèrent jusqu'au 18. A cette époque, les Indiens attaquent à l'improviste les Kodiaques campés sur la plage, ils en tuent vingt, en blessent douze, et mettent dans le plus grand péril la vie de M. de Roquefeuil. Le 19, on alla chercher les bateaux des Kodiaques; le 21, on donna la sépulture à ceux qui avaient péri, et le 22 on mit à la voile pour la Nouvelle Archangel, où l'on arriva le 26.

D'après l'invitation du commandant de cette colonie, M. de Roquefeuil se proposa d'envoyer ses gens avec les Russes qui se préparaient à chasser la loutre; mais le refus obstiné de son équipage l'obligea d'abandonner ce dessein. Dans l'intention de visiter les côtes de cette partie de l'Amérique et les îles qui les avoisinent, il mit à la voile le 6 juillet, et employa deux mois à cette navigation importante, durant laquelle il poursuivit le cours de ses observations, continua ses opérations commerciales, et éprouva deux échouages qui n'eurent heureusement aucun fâcheux résultat. Le 5 septembre, il parut à l'entrée de Noutka et mouilla dans l'anse des Amis. Son projet, en revenant dans ces parages, était d'acquérir les pelleteries que Macouina avait promis de lui réserver. Mais ce chef, soit impuissance, soit mauvaise volonté, ne tint aucune de ses promesses à cet égard. M. de Roquefeuil prit, pendant cette relâche, des renseignements qui démentent les droits que Méarcs prétendait avoir à la possession de quelques districts de ces contrées. Il s'approvisionna de tout ce qui lui était nécessaire, et ne remit à la voile pour la Californie qu'après avoir recueilli et consigné dans son journal des détails sur l'histoire et la géographie de Noutka, sur les produits du sol, les pêches et les chasses indiennes; sur les coutumes des sauvages, leurs mœurs, leurs habillements, leurs travaux, leurs croyances religieuses, le nombre de leurs femmes, leurs mariages et la sépulture de leur chefs. En se rendant au port du présidio, notre navigateur rectifia une erreur échappée à la Pérouse. Il arriva le 19 septembre au terme de sa navigation. Il y recouvra le prix des marchandises qu'il y avait laissées dans ses deux relâches précédentes, et acquitta celui des provisions qu'on lui avait fournies et qu'on lui fournit encore. Les établissements espagnols, la population, les produits agricoles, l'industrie, les habitations, le climat, les villages, l'état et la force militaires de la Californie furent les divers objets qu'examina M. de Roquefeuil durant son séjour dans cette contrée. Il en repartit pour la Chine le 20 octobre; et, le 4 et le 5 novembre, fut assailli par une horrible tempête, qui l'obligea de relâcher le 8 au port de Sitka, dans l'Amérique russe; il augmenta ses approvisionnements, y répara son navire, y recueillit des observations sur les tribus indiennes, sur le commerce, la géographie, la navigation et l'histoire de la côte nord-ouest de l'Amérique septentrionale. Il leva l'ancre le 14 décembre; et, le 10 janvier 1819, il relâcha aux îles Sandwich, où il prit des vivres frais et dont il visita le souverain, nommé Taméaméa. M. de Roquefeuil ne néglige point de donner des détails pleins d'intérêt sur l'histoire de ce prince, sur son gouvernement et ses forces militaires; il rend compte dela relâche qu'il fit dans quelques-unes de ces îles, et n'oublie rien de ce qui peut les faire connaître. Il en repartit le 26 janvier pour Macao, où il ariva le 11 mars, et alla mouiller au port de Wampou. L'échange de ses marchandises, ainsi que des dispositions et des travaux à bord de son navire pour revenir en France, le retinrent dans ce mouillage jusqu'au 25 avril. Il n'omit pas de faire pendant ce temps des observations utiles au commerce; enfin, il remit à la voile, passa le détroit de la Sonde, relâcha à l'Ile de France, doubla le cap de Bonne-Espérance, et rentra à Bordeaux le 21 novembre 1819, trente-sept mois après être sorti de ce port.

Tel est l'exposé succinct d'une entreprise qui, bien que formée dans un intérêt particulier, offre néanmoins par ses résultats un but d'utilité générale. L'histoire, la géographie, la marine, le commerce, eurent une part égale à la sollicitude de l'armateur qui en avait conçu le projet, et aux travaux de l'officier qui s'en est acquitté avec un zèle, un courage, une constance, qui, pour n'avoir rien de surprenant dans un Français, n'en sont pas moins dignes d'applaudissements. Aussi, prompt à récompenser tout ce qui a pour objet la gloire et la prospérité de la France, Louis XVIII a donné des preuves de son approbation royale à cette lointaine expédition, en conférant à M. Balguérie jeune, qui l'avait prescrite, la croix de la Légion d'Honneur.

CONQUÊTE D'ALGER.

Parmi les nombreux hauts-faits qui se pressent dans la carrière maritime si remplie de l'amiral Duperré, celui qui met le comble à sa gloire et à celle de la marine française toute entière, c'est la conquête d'Alger, c'est la destruction de ce repaire de forbans qui infestaient les mers depuis tant de siècles, mettaient à contribution toutes les puissances européennes, pillaient nos marchandises, massacraient nos marins et les jetaient dans leurs bagnes, enlevaient nos femmes et nos enfants pour en faire trafic et les exposer à tous les outrages.

Outre ces vexations éternelles et ces insultes communes à toute la Chrétienté, la France avait à venger personnellement un affront public fait dans une occasion solennelle à la dignité nationale par le Dey d'Alger.

Le souverain de ce pays avait osé, dans un accès de colère, injurier notre consul, M. Deval, et le frapper de son chasse-mouches au visage. Une réparation prompte et éclatante était indispensable; elle fut immédiatement exigée, et une escadre française reçut l'ordre de se rendre devant Alger et d'y établir un blocus rigoureux.

Retiré dans son château de Casauba, et recevant de l'intérieur le blé et toutes les denrées nécessaires à la subsistance d'Alger, Hussein-Pacha se riait orgueilleusement d'un blocus inutile qui cependant occasionnait annuellement à la France une dépense extraordinaire de 7 millions. Nos bâtiments de guerre n'ayant aucun abri dans le voisinage d'Alger, et étant obligés de tenir constamment la mer, éprouvaient de grandes avaries; leurs équipages, accablés de peines et de privations, étaient encore décimés par les maladies.

Les ministres français adoptèrent alors la noble résolution de satisfaire les vœux depuis longtemps émis par tous les peuples chrétiens en expulsant ces barbares de cette partie de l'Afrique par les efforts combinés d'une armée navale et et d'une armée de terre.

On se prépara à la guerre avec ardeur; mais la saison étant déjà trop avancée pour une expédition dans ces dangereux parages, on renvoya au printemps de l'année suivante, c'est-à-dire au mois d'avril 1830, l'exécution de cette entreprise.

Presque tous les cabinets européens s'empressèrent d'approuver une résolution aussi généreuse qui avait pour but d'affranchir à jamais leurs peuples d'un joug à la fois incommode et avilissant: presque tous offrirent leur assistance si elle était nécessaire.

Le ministère anglais, présidé par le duc de Wellington, présenta seul quelques objections fondées sur les intérêts commerciaux de la Grande-Bretagne. Il désirait savoir ce que la France serait disposée à faire de la régence d'Alger, après l'avoir conquise.

Le prince Polignac répondit avec énergie « que « la France insultée ne demandait le secours de « personne pour venger son injure, et qu'elle « n'aurait besoin de cousulter personne pour savoir ce qu'elle aurait à faire de sa nouvelle conquête. »

Comme l'empereur Charles-Quint et le général comte Oreilly avaient échoué l'un et l'autre devant Alger, avec deux armées dont chacune était de 25 à 30,000 hommes, on jugea nécessaire, pour ne laisser rien au hasard, que les troupes françaises qui seraient envoyées en Afrique possédassent un effectif de 25 à 30,000 hommes d'infanterie, de 5 à 6,000 hommes de cavalerie, ainsi que des détachements d'artillerie, du génie, du train des équipages militaires, et des ouvriers de l'administration, proportionnés à la force du corps expéditionnaire, ainsi qu'aux travaux du siége et aux besoins de l'armée.

D'après le tableau des difficultés nombreuses que présentait le cours de cette expédition, on avait lieu de craindre que les chaleurs, les travaux, les maladies et les combats n'affaiblissent beaucoup, en peu de temps, les premières troupes qui débarqueraient en Afrique et ne finissent par les rendre insuffisantes aux opérations de le campagne. On prit en conséquence, la sage résolution de former, près de Toulon, une division de réserve qui serait appelée, partiellement ou intégralement, au secours des troupes expéditionnaires, si par l'effet des circonstances, cet appel devenait indispensable.

Une expédition plus noble, plus libérale et plus juste n'avait jamais été conçue, puisqu'en punissant un attentat commis contre les lois de la guerre et les droits des nations, il s'agissait encore de porter la liberté, les lumières et la civilisation dans une contrée autrefois florissante, qui était tombée sous le joug du fanatisme religieux, de despotisme politique et de la plus profonde ignorance.

Dans cette expédition, où devaient coopérer les forces de terre et de mer, on consulta les officiers les plus expérimentés de la marine, les vice-amiraux et contre-amiraux qui composaient le conseil de l'amirauté.

La plupart de ces officiers généraux, qui connaissaient par expérience les dangers qu'on avait à courir sur les côtes barbaresques, désapprouvèrent cette opération. Quelques-uns d'entre-eux, s'autorisant du blocus maritime resté sans résultat, présentèrent le tableau le plus effrayant des tempêtes qui, suivant eux, ne cessaient de battre, dans toutes les saisons, ces rivages inhospitaliers bordés d'écueils.

Mais le vice-amiral Duperré ne consultant que l'honneur et la gloire nationale, et ne voyant, dans les dangers de la navigation près des côtes barbaresques, que ces accidents communs qu'on trouve dans presque toutes les mers, fut d'avis que l'expédition contre Alger pouvait et devait être entreprise, pourvu que, dans la composition du personnel et du matériel des forces de terre et de mer et dans la quantité de leurs approvisionnements, on ne se laissât pas guider par les vues étroites d'une économie trop limitée, et pourvu qu'elle fût exécutée dans la saison la plus favorable, c'est-à-dire depuis le milieu d'avril jusqu'à la fin de juillet.

Le comte de Bourmont fut nommé général en chef de l'armée d'Afrique.

L'amiral Duperré commandait en chef l'armée

navale. Il avait pour second le contre-amiral Rosamel, et pour major-général le contre-amiral Mallet.

Le capitaine de vaisseau Hugon commandait le convoi, et devait, d'après les ordres de l'amiral en chef, diriger toutes les opérations du débarquement.

Bientôt les navires chargés des divers approvisionnements sont ralliés aux îles d'Hyères, et la rade de Toulon voit flotter les 100 vaisseaux de la marine royale et les 250 navires qui portaient une partie de la 3e division et la totalité des chevaux.

Le 12 l'embarquement des troupes commence, et le 18 mai, 64,000 hommes et les 4,000 chevaux composant les deux armées attendaient les vents favorables.

Le général en chef et l'état-major général s'embarquèrent le 19. On espérait que, dans la matinée du 20 toute la flotte pourrait mettre à la voile.

Mais les vents d'est-nord-est ayant commencé le 20 continuèrent à souffler jusqu'au 25. Ces vents battent directement dans la rade de Toulon et traversent le canal d'entrée.

Il aurait été dangereux de mettre en mouvement, à la fois, avec un vent contraire, cent vaisseaux de guerre et deux cent cinquante bâtiments marchands qui, tous obligés de louvoyer dans cet étroit passage, n'auraient pu éviter, en s'abordant, de se causer mutuellement de très-fortes avaries.

Le vent ayant tourné au nord-ouest dans la matinée du 25, et s'étant fixé dans cette direction, l'armée navale se mit en marche à quatre heures de l'après-midi.

Quelques bâtiments-écuries, qui portaient les chevaux de l'état-major général et des batteries de campagne, suivirent le mouvement des vaisseaux de guerre.

Les autres reçurent l'ordre de se tenir au mouillage, et de mettre à la voile le lendemain.

Les transports des vivres et des fourrages, qui se trouvaient dans la rade d'Hyères, participèrent, dans la soirée du 25, au mouvement général.

La baie de Palma, dans l'île de Majorque, avait été désignée comme le premier point central de ralliement dans le cas de séparation ou de dispersion par l'effet de la violence des vents ou de l'état houleux de la mer.

Aussitôt que la masse épaisse des navires de toute classe, qui mirent à la voile dans la soirée du 25, se trouva entièrement dégagée des embarras du canal de sortie de la rade de Toulon, les signaux de l'amiral en chef firent prendre à chacun de ces bâtiments la place qui lui avait été assignée dans les instructions générales. Ce mouvement fut exécuté avec beaucoup de célérité et avec une précision admirable.

L'armée navale se divisa en trois colonnes. Celle de droite était dirigée par le vaisseau de ligne le *Trident* (contre-amiral Rosamel). Des vaisseaux non armés en guerre faisaient partie de cette colonne. Celle du centre avait en tête la *Provence*, vaisseau de 80, monté par l'amiral Duperré. L'état-major général de l'armée de terre se trouvait sur ce vaisseau. Cette colonne se composait du vaisseau *le Breslau* et de toutes les grosses frégates armées en guerre. Elle était spécialement destinée à attaquer et à détruire les batteries ennemies sur le point de débarquement.

La colonne de gauche consistait dans le convoi marchand que dirigeait le capitaine Hugon, monté sur la corvette *la Créole*.

Les navires mouillés dans la rade d'Hyères se rallièrent à cette colonne. Tous les bateaux-bœufs étaient partis de Toulon dans la journée du 25, avec ordre de se rendre dans la baie de Palma, où ils recevraient de nouvelles instructions.

Une brise légère, mais continue du nord-est, accéléra, dans la journée du 26, la marche de l'armée navale, qui se dirigeait au sud-ouest. Les trois colonnes conservaient parfaitement leur ligne de route et leurs distances.

Les bateaux à vapeur, sillonnant la mer dans toutes les directions, exécutaient avec rapidité les ordres de l'amiral, et facilitaient les communications.

Le meilleur et le plus véloce de ces bateaux, le *Sphinx*, signala, dans la soirée du même jour, deux frégates venant du sud, et se dirigeant sur la flotte. L'une était la frégate française la *Duchesse-de-Berri*, et l'autre une frégate turque sur laquelle se trouvait Tahir Pacha.

Ce membre du divan ottoman avait été chargé par le grand seigneur de se rendre à Alger pour engager le dey à entrer en arrangement avec la France. Tahir devait servir, au nom de son maître, de médiateur entre les deux puissances.

Mais la frégate turque fut arrêtée devant Alger par le commandant de la station française de blocus, Massieu de Clerval, qui avait pour instructions de ne laisser pénétrer aucun bâtiment, de quelque nation qu'il fût. Tahir-Pacha ayant demandé à aller à Toulon pour entrer en négociation directe avec le gouvernement français, la frégate française la *Duchesse-de-Berri* (capitaine Kerdain) fut chargé de l'accompagner.

Lorsque les deux frégates eurent rallié la flotte, Tahir se rendit à bord du vaisseau amiral. L'amiral Duperré lui fit connaître que ses ordres précis étaient de se rendre en Afrique et de s'emparer d'Alger. Il ne put que conseiller au négociateur turc de continuer sa route sur Toulon, où il communiquerait directement au ministère français les instructions de son gouvernement.

Toute réconciliation avec la régence d'Alger aurait été inutile et déshonorante. On connaissait depuis long-temps la mauvaise foi de ces Barbaresques. On avait des preuves récentes de leur haine et de leur mépris pour les nations chrétiennes. Les grandes dépenses de l'expédition qui devait les exterminer étaient faites. On ne pouvait plus reculer sans honte. Leur ruine devait être accomplie.

La mission de Tahir-Pacha n'eut aucun résultat.

Favorisée par les vents d'est, la flotte continua à se diriger vers la côte d'Afrique. Arrivé à la hauteur des îles Baléares, l'amiral envoya, par le commandant Hugon, l'ordre aux bateaux-bœufs et aux bâtiments marchands qui devaient se trouver à ce rendez-vous général, de le quitter, et de faire route sur la rade de Torré-Chica (Sidi-Ferruch), à cinq lieues à l'ouest d'Alger.

Le 30, dans la matinée, on signala la côte de Barbarie ; mais le vent avait fraîchi ; la mer était houleuse. Plusieurs bâtiments du convoi avaient été séparés de la flotte et n'étaient plus en vue. On n'aurait pu aborder la côte qu'avec les plus grandes difficultés. Le débarquement aurait été dangereux.

L'amiral fit le signal de virer de bord. L'escadre alla se rallier dans la baie de Palma, où elle arriva le 2 juin. Au moment de l'exécution de ce mouvement rétrograde, les deux grandes frégates la *Pallas* et l'*Iphigénie* reçurent l'ordre de continuer à se diriger au sud, vers le cap Caxin et Sidi-Ferruch, pour y rallier tous les bateaux qui devaient être partis de Palma pour cette destination, sous les ordres du commandant Hugon. Ces deux frégates leur intimèrent l'ordre de l'amiral de retourner à Palma.

Les bâtiments marchands mouillèrent près de la ville de Palma. Les vaisseaux de guerre se tinrent à la voile à l'entrée de la baie. On resta dans cette position depuis le 2 jusqu'au 9 juin.

Pendant cet intervalle, tous les transports dispersés se rallièrent; les navires venant de Cette, et portant mille bœufs pour la subsistance des troupes, rejoignirent la portion du convoi qui, d'après les ordres primitifs, s'étaient dirigée sur l'Afrique, et rentra; la flotte militaire et les transports de toute classe se trouvèrent complétement réunis le 8 au soir dans la baie de Palma.

On profita des calmes et des brises extrêmement légères qui, fort heureusement, régnèrent du 2 au 8 juin, dans la baie spacieuse, mais entièrement ouverte, de Palma, pour perfectionner quelques dispositions administratives et pour compléter les provisions de fourrages à bord des bâtiments-écuries. La santé des troupes était excellente.

L'amiral Duperré avait communiqué à Palma avec les autorités principales de l'île de Majorque. On lui parla beaucoup de l'effet moral qu'avait produit sur les soldats espagnols, dans la malheureuse expédition du comte d'Oreilly, l'apparition subite d'un grand nombre de chameaux.

Les troupes virent avec surprise, et non sans hilarité, un ordre du jour qui leur recommandait de ne pas se laisser émouvoir, après leur débarquement, par la vue de ces animaux inoffensifs.

Le 9 juin, tous les vaisseaux de guerre, et environ cent bâtiments de transport, reçurent l'ordre de suivre les mouvements du vaisseau amiral, en trois colonnes, comme dans les premiers jours de départ. Les autres bâtiments marchands, au nombre d'environ trois cents, durent attendre dans la baie de Palma les nouveaux ordres qui leur seraient transmis. Le but de l'amiral Duperré était de n'arriver devant Torré-Chica qu'avec les bâtiments du convoi, dont la présence était strictement nécessaire, et d'éviter, dans la baie peu spacieuse où devait se faire le débarquement, la confusion et l'encombrement qu'aurait produits la réunion de cinq cents navires, surtout pendant le combat qu'on s'attendait à soutenir contre la tour et les batteries armées de la côte.

Le 12 au soir, les rivages de l'Afrique se montrèrent distinctement aux yeux satisfaits des soldats et des équipages. Comme le vent était un peu frais, quoique favorable, on poussa dans la nuit une bordée au nord, pour reprendre, le 13 au matin, la route du cap Caxin.

Favorisée par un vent frais de l'est-nord-est, la flotte défila, le 13 juin, devant Alger, en bon ordre, en se dirigeant sur le cap Caxin, d'où, se portant à l'ouest, elle s'avança, avec célérité, vers la presqu'île de Sidi-Ferruch.

Les deux bricks le *Dragon* et la *Cigogne* marchaient à la tête de la colonne d'attaque, et sondaient en avançant. Ils étaient suivis par la *Provence*, le *Breslau*, la *Surveillante*, l'*Iphigénie*, la *Didon*, la *Pallas*, la *Guerrière*, l'*Herminie*, la *Syrène*, qui, étant destinés à attaquer la tour et les batteries de la côte, avaient fait un branle-bas général et avaient terminé tous leurs préparatifs de combat.

Tous les canonniers étaient à leurs pièces; une ardeur guerrière animait les équipages.

Aussitôt qu'on eut doublé le cap Caxin, la tour de Chica, située sur une hauteur, se montra à tous les regards avec ses murs nouvellement blanchis et avec ses dépendances attenantes, qui entourent le tombeau du marabou Sidi-Ferruch.

On s'attendait à tout moment à voir commencer

le feu de cette tour contre les deux bricks qui se trouvaient à la tête de la colonne, et qui, favorisés par le vent, avançaient avec vitesse. La solitude et le silence régnaient dans la tour et sur tout le terrain environnant. Les Algériens avaient entièrement évacué, non-seulement ce poste, mais encore une batterie en maçonnerie , rasante, à douze embrâsures, qui avait été construite l'année précédente sur la partie occidentale de la presqu'île de Sidi-Ferruch pour défendre le mouillage de l'ouest.

La vue de l'entier abandon des ouvrages défensifs de la plage de Sidi-Ferruch causa un vif chagrin aux marins français. Ils s'attendaient à se battre ; ils s'en étaient fait une fête ; ils désiraient se distinguer aux yeux de leurs compagnons d'armes de l'armée de terre.

Tous les vaisseaux armés et les bâtiments de transport qui les accompagnaient mouillèrent tranquillement dans la rade occidentale de la presqu'île de Sidi-Ferruch.

La presqu'île de Sidi-Ferruch est située à cinq lieues à l'ouest d'Alger, et à une demi-lieue à l'est de l'embouchure du Masafran, qui se jette dans la baie occidentale. Elle présente un relèvement assez haut dans sa partie septentrionale ; cette colline se termine par deux caps très-saillants qui forment deux petits abris. La *Torré-Chica* se trouve sur le point culminant de cette colline.

Au lieu de défendre le littoral maritime les chefs Algériens avaient cru plus sage de placer à cheval, sur la route d'Alger, derrière deux redoutes, à six cents toises de la plage, près d'un yasma ou fontaine, les troupes qui s'y trouvaient réunies sur cette partie de la côte, au nombre d'environ vingt-cinq mille hommes.

L'apparition de quelques cavaliers arabes qui, la lance en arrêt, vinrent caracoler sur la plage en regardant avec fierté les cent vaisseaux de guerre qui remplissaient la baie, excita la risée des soldats français. Mais la vue de leurs drapeaux plantés sur les redoutes du camp de Yasma parut plus importante et fixa l'attention.

Deux bateaux à vapeur, le *Nageur* et le *Sphinx*, reçurent l'ordre successivement de s'approcher du rivage, et de tirer des coups de canon dans la direction des drapeaux.

Les redoutes algériennes, qui avaient gardé le silence jusqu'alors afin d'éviter le reproche d'avoir commencé les hostilités, s'empressèrent de répondre à l'attaque des deux bateaux à vapeur. Plusieurs bombes éclatèrent au-dessus des vaisseaux; deux hommes furent blessés par leurs éclats à bord du *Breslau*.

Cette canonnade aurait pu être incommode et désastreuse au milieu de tant de navires entassés dans une baie étroite, si elle avait été continuée pendant toute la nuit. Aucun coup n'aurait été perdu.

Il était nécessaire de la faire cesser. Déjà des dispositions avaient été prises pour débarquer immédiatement deux brigades qui devaient s'emparer des batteries algériennes.

Mais à la nuit tombante les Algériens cessèrent entièrement leurs feux, suivant leur coutume. Le silence succéda au bruit de l'artillerie : il ne fut pas troublé jusqu'au lendemain matin. Aucun débarquement n'eut lieu dans la soirée du 13. Toute l'armée reçut l'ordre de se tenir prête à descendre à terre le 14, à trois heures et demie du matin.

Les proclamations du divan d'Alger, qui appelaient tous les fidèles musulmans à la défense de l'Islamisme et de la glorieuse Algésaïr, boulevard de la foi musulmane, secondées par des sommes d'argent considérables lui amenèrent de Titery, Constantine et Oran environ 40,000 hommes, auxquels se réunirent dix mille Cabayles attirés par l'espoir du pillage.

Cinq mille janissaires turcs en état de combattre, cinq mille Koul-Oglous, dix mille maures d'Alger, formaient un effectif général de soixante-dix mille hommes disponibles pour la défense de la capitale, y compris les contingents des provinces et les renforts fournis par les Cabayles.

Le débarquement des troupes françaises sur la presqu'île de Sidi-Ferruch commença le 14 au matin, à l'heure qui avait été indiquée.

Les troupes furent mises à terre successivement par brigade en commençant par la première brigade de la première division.

Une batterie d'artillerie de campagne, une autre d'artillerie de montagne, les canonniers chargés du service des fusées à la congrève, et une compagnie de mineurs, furent débarqués en même temps que la première brigade.

Les chalans, les bateaux-bœufs et les grandes chaloupes chargés de troupes étaient remorqués par les marins, sous la conduite de leurs officiers.

Le feu de l'artillerie des redoutes algériennes

commença aussitôt que les chalans et les chaloupes de débarquement se détachèrent des vaisseaux pour se diriger sur la côte.

Le sifflement des boulets, les éclats des bombes ne firent aucune impression sur les marins et les soldats français. Impatients de gagner le rivage, ils se jetèrent à l'eau aussitôt qu'ils purent mettre pied à terre sans mouiller leur giberne.

La nouvelle batterie fut occupée en un instant par les marins. Les troupes d'infanterie se formèrent en colonne serrée au bas de la colline, ayant en avant leur artillerie de campagne. La compagnie de mineurs alla prendre possession de la tour et des bâtiments abandonnés de Sidi-Ferruch.

Le débarquement continua dans le même ordre, malgré le feu très-animé de l'artillerie algérienne et en moins de six jours toute l'armée expéditionnaire fut à terre.

Plusieurs bricks de guerre français, mouillés dans la rade, à l'est, faisaient un feu très-vif sur les batteries algériennes. Notre artillerie de campagne les foudroyait de son côté ; mais cette diversion n'avait qu'un faible résultat. La canonnade des Algériens continuait à être très-nourrie.

Les marins, sur qui tomba le fardeau pénible du débarquement, montrèrent un zèle et une persévérance dignes des plus grands éloges. La chaleur brûlante du soleil ne parvint jamais à les rebuter. Non contents de mettre à terre les objets confiés à leurs soins, ils se joignaient aux soldats pour les porter et les mettre en ordre dans les emplacements désignés.

Une union fraternelle existait entre les troupes

de terre et de mer. Les mêmes sentiments animaient leurs chefs. Désirant que l'armée pût disposer de tout son personnel pour les combats qui devaient précéder l'investissement de la place d'Alger et pour les opérations du siége, l'amiral Duperré avait offert, dès les premiers jours de l'arrivée, de faire occuper et défendre les retranchements de Sidi-Ferruch par deux à trois mille marins détachés des équipages des vaisseaux de guerre.

Un coup de vent terrible de l'ouest-nord-ouest, qui s'éleva tout-à-coup dans la journée du 16, fit naître les plus vives inquiétudes.

Le tonnerre se faisait entendre à la fois en cinq ou six endroits du ciel, et la mer, tantôt découvrait une large plage, tantôt venait s'y dérouler en lames furieuses, avec d'épouvantables mugissements. Presqu'au même instant, les vaisseaux étaient droits sur leur quille ou couchés par leur travers; un grand nombre d'entre eux chassaient sur leurs ancres; quelques uns tiraient le canon d'alarme, menacés qu'ils étaient de faire côte ou de s'aller briser les uns contre les autres. La frégate l'*Iphigénie*, qui était mouillée près des récifs de la pointe occidentale de la presqu'île, resta pendant deux heures exposée au danger imminent d'être brisée contre la côte; le rivage ne cessait de se couvrir de débris. C'était un spectacle effrayant à contempler. Ce qui néanmoins l'était bien davantage encore, ce qui éveillait dans les esprits bien d'autres craintes que les longs éclats de la foudre toujours retentissante, c'étaient les souvenirs de tant d'autres expéditions terminées par de semblables événements; c'étaient surtout, comme planant au milieu de la tempête, ceux de l'immense désastre de Charles-Quint, dont quelques-uns commençaient peut-être à s'entretenir à voix basse. Déjà en effet des conseils timides s'agitaient, disait-on, au quartier-général. Un moment, la résolution fut prise d'abandonner notre position pour en prendre une autre plus rapprochée du rivage, en cas de besoin, plus facile à défendre; mais la tempête, après avoir duré plusieurs heures, avec une violence toujours la même, s'apaisa presque aussi soudainement qu'elle avait éclaté, et le projet de retraite n'eut pas de suite.

Dès les premiers jours du siége, l'amiral Duperré avait conçu le dessein de faire canonner par ses vaisseaux de guerre les batteries du port et celles des forts maritimes, situés aux deux extrémités de la ville. Cette canonnade devait avoir pour but de produire une diversion favorable aux progrès des travaux du siége, et d'appeler vers la mer une partie des canonniers algériens. En conséquence, une longue colonne de vaisseaux de guerre ayant en tête le *Trident*, monté par le contre-amiral Rosamel, défila, sous voile, le 1er juillet, à une demi-portée de canon, devant toutes les batteries maritimes de la place, et dirigea contre elles un feu très-animé. Les effets matériels de cette attaque furent peu de chose. Peu de boulets atteignirent les batteries ennemies, à cause de la distance et du mouvement des vaisseaux ; mais le but qu'on en attendait fut rempli.

Beaucoup de canonniers et de soldats algériens descendirent en ville et se portèrent vers les batteries de mer. Les ouvriers de la tranchée, moins harcelés pendant cette diversion, purent donner une grande activité à la marche des travaux.

Une semblable tentative eut lieu, dans la journée du 4, pendant l'armement des batteries de la tranchée. Tous les vaisseaux armés y prirent part. L'amiral Duperré monté sur la *Provence*, se chargea lui-même de la direction de l'attaque.

La colonne s'approcha du rivage à environ 300 toises de distance, et foudroya toutes les batteries en passant, à plusieurs reprises, devant elles. Cette tentative audacieuse, et habilement exécutée, causa quelques dommages à l'ennemi et fit naître la terreur parmi les habitants de la partie basse de la ville.

Le matin du même jour, une explosion terrible annonça la destruction d'une partie du château de l'*Empereur*, et l'occupation de ce fort par nos troupes. Une demi-heure après, l'amiral Duperré préparait un mouvement pour renouveler ses attaques, quand il se vit forcé de suspendre l'exécution de ce projet par l'arrivée d'un canot parlementaire à bord duquel se trouvait l'amiral de la flotte algérienne, qui venait, au nom du Dey, supplier l'amiral français de cesser les hostilités et de lui accorder la paix. Celui-ci répondit à cet envoyé que les dispositions de l'armée navale seraient subordonnées à celles de l'armée de terre, dont il devait d'abord s'assurer auprès du général en chef.

Le 5, à cinq heures du matin, l'envoyé revint et renouvela ses sollicitations auxquelles l'amiral répondit que, si ce jour même, à midi, ils n'arboraient pas le pavillon français, il allait mettre tout à feu et à sang; que les hostilités n'avaient été que trop suspendues, et que, tant que le pavillon de la Régence flotterait sur les forts et la ville d'Alger, il ne recevrait aucune communication.

Cette réponse énergique ne contribua pas peu aux événements qui survinrent immédiatement. Dès midi, le pavillon algérien ne flottait plus sur la Casauba, et le pavillon français y était arboré deux heures après, ainsi que sur tous les forts et bastions de la ville.

Ainsi tomba, le 5 juillet 1830, une cité orgueilleuse qui bravait depuis des siècles toutes les puissances de l'Europe. Les officiers et les marins se portèrent avec empressement dans le bagne pour en arracher les 86 français que les Arabes y avaient entassés, lors de l'échouement de l'*Aventure* et du *Silène*, arrivé dans la nuit du 14 au 15 mai précédent, après avoir massacré 22 malheureux naufragés. Parmi les esclaves français rendus à la liberté, se trouva le nommé Béraud, de Toulon, éloigné de sa patrie depuis 29 ans; il n'en avait que 12 lorsqu'il fut pris par les pirates et jeté dans le bagne d'Alger. Depuis on n'avait pas eu de ses nouvelles, et il passait pour mort.

Outre la gloire dont elle couvrait nos marins, cette conquête de la civilisation sur la barbarie valut à la France cinquante millions qui composaient le trésor de la Régence, deux mille bombes à feu en bronze et en fonte et des approvisionnements de toute espèce, le tout évalué à près de cinquante quatre millions. Les frais de la guerre furent couverts et au-delà, puisqu'ils ne s'élevaient qu'à 48 millions.

Tous nos braves marins rivalisèrent d'intrépidité et de dévouement avec nos soldats expéditionnaires, et parmi les officiers qui se distinguèrent dans cette action par leur habileté et leur valeur, nous citerons le contre-amiral Mattet, major général de la flotte, le contre-amiral Rosamel, et les capitaines de vaisseau Hugon, Poncé, Cuvillier, Lemoine, Massieu et Maillard de Liscourt.

A la nouvelle de cette éclatante victoire, l'Europe entière tressaillit de joie, et la France retentit des louanges adressées à l'illustre commandant de sa flotte. Le baron Duperré fut promu au grade de vice-amiral et à la dignité de pair de France. Une colonne rostrale fut décrétée dans la rade de Toulon pour perpétuer le souvenir des héros de cette admirable expédition. Honneur donc, mille fois honneur à nos habiles et intrépides marins qui en un jour ont vengé les affronts faits à la marine nationale et étrangère de toutes les époques!

Nous ne pouvions dans l'ordre chronologique des faits, comme dans l'échelle de notre gloire maritime, terminer cet ouvrage par une action plus mémorable que la conquête d'Alger, qui fut le coup de grâce porté aux pirates africains, et assura à jamais la liberté des mers.

FIN.

TABLE DES MATIÈRES.

FIN DE LA TABLE.